宝塚歌劇

〈なつかしさ〉でつながる少女たち

永井咲季

平凡社

宝塚歌劇　〈なつかしさ〉でつながる少女たち

目次

凡例

●一部の人名を除き、漢字は常用漢字・人名用漢字の新字に改めた。地名・組織名などもすべて新字を使用した。

●書名・雑誌名は『　』、論稿などのタイトルは「　」、演目は《　》で、それぞれ括った。ただし新聞名は括弧類を除いた。

●引用については、仮名遣いは原文に従ったが、二字以上の踊り字は当該の語を重ねて記した。また、明らかな誤植と考えられるものは適宜訂正を加え、読みやすさに配慮して句読点を調整する場合がある。

●現在では不適切と考えられる語も、大正期の文献を尊重してそのまま使用することがある。

●創設期の宝塚歌劇団を考察するにあたり、劇団の機関誌『歌劇』から多数の記事を引用した。対象となるのは創刊号（一九一八年八月一五日発行）から第五三号（一九二四年八月一日発行）までであり、引用に続けて（　）内に論稿執筆者名およびタイトル、掲載号・発行年月（日は省略）を、以下の方法で併記する。

○掲載号は算用数字を◯囲みで示す。ただし読者投稿欄である「高声低声」から引く場合には執筆者名の次に掲載号を□囲みで示し、「高声低声」からの引用であることを表すものとする。

○発行年月は漢数字を用い、年は西暦下二桁のみを示す。記述の前後でこれらの情報がわかる場合には、省略することがある。

●『歌劇』各号の「高声低声」の状況を示す表「「高声低声」の推移」を六八・一〇〇・一二四ページに掲載する。

○「本文ページ数」は目次・口絵のページは含めずに、各号の論稿の最初から奥付までのページ数である。

○「高声低声」の割合を算出したパーセントはすべて小数点第二位を四捨五入している。

○「高声低声」は読者によるものと思われるカットを掲載しているが、それは投稿数から除外した。

●コラムに本書で触れる演目にまつわる絵葉書を載せ、あわせて『歌劇』「高声低声」から、大正期に絵葉書がもっていた機能の知られる投稿を紹介する。

●付録に『歌劇』「高声低声」における「なつかしさ」などの語の出現例をまとめた表を掲載する。

序章

二〇一四年は、第一次世界大戦が勃発して一〇〇年の節目であると同時に、宝塚歌劇団が創設一〇〇年を迎えた年である。

宝塚歌劇団とは、兵庫県宝塚市を本拠地として、女性のみで、芝居やレヴューを上演する劇団である。小林一三《こばやしいちぞう》によって生み出され、一九一四年に宝塚少女歌劇養成会の二〇名で行った初公演から一〇〇年の歴史を振り返ってみるとき、「なぜ女性のみの劇団が誕生したのか」という、劇団創設についての疑問が湧いてくる。

創設期の宝塚は少女・大衆文化・モダニズムなど、様々なテーマを内包していたと考えられるのに、先行研究に当たってみると、これまで、歴史学の分野で取り上げた論稿はほとんどないことが明らかになった。近年、竹村民郎の「阪神間モダニズム」（二〇〇八年）や、ひろたまさきの「帝国意識」（二〇一一年）という観点からの論文があるが、どちらも、それぞれの探究テーマを論じる際の補完材料として、宝塚を用いているにすぎない。

むろん、宝塚研究は歴史学に限るものではなく、音楽学[1]・文化人類学・社会学・近代日本文学など、多方向からのアプローチが可能であるが、その研究が本格化したのは一九九〇年代以降のことである。なかでも、渡辺裕[2]の「音楽文化」という視点による緻密な実証は、宝塚研究の基礎を築き、ジェニファー・ロバートソン[3]の近代日本における「性の政治学」による分析は、宝塚の研究を飛躍的に進歩させたといえる。

そして、川崎賢子の『宝塚というユートピア』(岩波新書、二〇〇五年)は、宝塚九〇周年の節目に、人々を魅了する秘訣に迫りながら、関連する時代背景を簡潔に紹介することに成功している。創始期に関しては、明治末から大正期の子どもの実態の発見に努め、一九一〇年代の女性文化などにも目配りがなされている。しかし、新書という本の性格からも、そうした時代状況下での宝塚少女歌劇の位置づけは、いまだ十分とはいえない。

本書は、主に一九一三〜一九二四年を対象として、その創設期の変遷を追いながら、宝塚少女歌劇が当時どのような存在であったのか、社会的背景との関連を、より鮮明に描き出すことを目的としている。このほぼ一〇年の間は、大衆文化発展の様相を知るのに、重要な時期でもある。つまり、第一次世界大戦がもたらした好景気が終わりを告げ、一九二〇年の戦後恐慌を契機に、日本は慢性的な不況に陥る[4]。さらに一九二三年には関東大震災に見舞われた。このような暗い時代相にあって、なぜ宝塚少女歌劇は生まれ、しかも人気を博したのか。その理由を追究していきたい。

分析の素材として利用するのは、宝塚歌劇団の機関誌『歌劇』[5]である。『歌劇』は、一九一八年八月一五日に創刊[6]され、第二次世界大戦中の休刊を経て一九四六年に復刊し、二〇一四年一二月時点で通巻一〇七一号を数え、今なお、毎月刊行され続けている。だが、『歌劇』そのものを対象にした研究の成果は、一九九七〜一九九九年にかけて出版された創刊号から第八一号（二六・一二）までの復刻版に付された「執筆者索引・解説」[7]が、ほぼ唯一のものといえよう。

現在の『歌劇』は、A5判で、公演の日程をはじめ、舞台写真、公演に出演する生徒と演出家らによる座談会や公演評、楽屋取材などを掲載している。劇団員は、全員宝塚音楽学校を卒業した者で構成され、卒業後も研究科の生徒と呼ばれている。劇団のもう一つの機関誌として、写真を中心に構成される一九三六年五月創刊の『宝塚GRAPH』があり、それと比較すれば、『歌劇』は文字の多い刊行物である。初期の『歌劇』は、今以上に文字を中心とした、文化人の寄稿も目立つ文芸色の強いものであった。たとえば創刊号（一八・八）には、与謝野晶子が一九一七年に宝塚少女歌劇を観劇[8]した際に寄せた三首の歌が、「武庫川の夕」として掲載されたりした。また当時の誌面を特徴づけるものとして、読者の投稿欄「高声低声」の充実もあげられる。総ページ数の二割程度を占めることが普通であり、四割を超える場合もあった。分量的にも多く、読者の声を直接聞くことができる、貴重な資料といえよう。

ここで本書の章の構成を簡単に記しておく。

第一章では、阪鶴《はんかく》鉄道[9]の開設による宝塚駅の設置から、宝塚少女歌劇の前身である宝塚唱歌隊の結成までの道のりを、煤煙の都といわれた大阪との関連を視野に入れながら論じ、宝塚少女歌劇の観客層でもあった、のちの『歌劇』の読者層に注目する。

第二章では、『歌劇』が創刊された一九一八年から一九二二年までの『歌劇』の性格を、読者投稿欄「高声低声」を中心に明らかにする。ちなみに、『歌劇』創刊時の編集は、劇団創設者の小林一三自身が行っており、一九二一年に寺川信《てらかわしん》に交代した。本章は、この二人の編集主幹の時代に相当する。

第三章では、小林一三の国民劇構想を軸におきつつ、皇族の観劇と関東大震災という二度の大きな転機を経て、宝塚大劇場が完成する一九二四年までの動きを追う。編集主幹は堀正旗《ほりせいき》と丸尾長顕《まるおちょうけん》であった。

ところで、本書が扱うのは創刊号から一九二四年八月一日発行の第五三号までの『歌劇』だが、そこに現れる興味深い言葉の一つに「なつかしい」がある。一例を紹介しよう。

春日花子様。（略）私は只々清らかな美しい宝塚の少女歌劇が何物よりも以上の慰安を与へて呉れるのを、専ら喜んで居るのです。平素社会の悪い空気を吸ふて活動して居て、時々の休養になつかしい宝塚（傍線筆者）で一日を暮すのが、何より私の最大娯楽なのです。私は何よりも貴女の真面目な芸、優しいお月様の様な顔、其に可愛い声が好きなのです。

（深草の里より⑱二一・八）

冒頭の春日花子は当時在籍した生徒の名前であり、これは春日に宛てた、いわばファンレターである。このように宝塚という語の前に「なつかしい」がつけられる例は、この投稿に限ることではなく、多用された言い回しである。この「なつかしい」あるいは「なつかしさ」には、どのような意味が含まれていたのであろうか。第二章・第三章では、大正デモクラシー期の宝塚少女歌劇を知る上で、「なつかしさ」は鍵になると考えられよう。第二章・第三章では、『歌劇』を読み解くことで、一九一三〜一九二四年の宝塚少女歌劇の何が「なつかしさ」をもたらすのかを解明していく試みとなる。

第四章では、「高声低声」の主にファンレター形式の投稿に多くみられた「なつかしさ」の意味を、同じ時期に発表された吉屋信子の小説『花物語』なども参考にしながら検証する。そして現在までを眺望しながら、そこに籠められた今日のファンにも通じる心情を探る。

さらに、創設一〇〇年を経て、これから先の宝塚を思い描くとき、創設当初の試行錯誤のなかで、すでに用意された道標もあったのではないかと思えてくる。少女歌劇の時代に遡り考察することは、将来の展望にもつながるものと考えている。

注

(1) 阪上由紀「宝塚歌劇における「主題歌」とその役割――歴史と展開」(関西学院大学二〇一四年一二月一六日登録博士論文)を本書脱稿後に知った。小林一三の音楽に対する考え方や国民劇構想などについて、本書で参考にすべき点があった。

（2）渡辺裕『宝塚歌劇の変容と日本近代』新書館　一九九九年

（3）ジェニファー・ロバートソン著　堀千恵子訳『踊る帝国主義——宝塚をめぐるセクシュアルポリティクスと大衆文化』現代書館　二〇〇〇年

（4）鹿野政直「戦前・「家」の思想」『鹿野政直思想史論集』第二巻　岩波書店　二〇〇七年　一二三ページ（初出一九八三年）

（5）本書が考察の対象とする期間の発行元は創刊号から第一三号までは阪神急行電鉄、第一四号以降は歌劇発行所である。なお、本書で引用する際には、すべて、『復刻版歌劇』第一〜第一〇巻　雄松堂出版　一九九七〜一九九九年、を用いた。

（6）『歌劇』第二号（二八・一二）の「宝塚少女歌劇養成会日誌」には八月一一日付で「当歌劇団機関雑誌『歌劇』第一号本日発売」としているが、創刊号の奥付の発行日に従う。

（7）前掲『復刻版歌劇』別冊　一九九九年

（8）一九一七年五月二九日の大阪毎日新聞に「西遊せる与謝野夫妻」「愛児オウギュストを連れて」が掲載され、阪神間を訪れており、滞在中に《アンドロクレスと獅子》を観劇したとされる。

（9）大阪から舞鶴までを結び、現在のＪＲ福知山線の原型ともなった。

第一章　宝塚少女歌劇の誕生

第一節　「ムラ」と煤煙の都

宝塚駅から、武庫川のほとりを歩いていくと、映画《阪急電車　片道一五分の奇跡》[1]のタイトルバックに映し出された光景が広がる。目の前には宝塚大橋、その手前を走る阪急電車、左手には宝塚歌劇団の本拠地、宝塚大劇場が現れる。駅から大劇場に向かう「花のみち」[2]は、人々を異空間へと誘う。時の流れがゆったりと感じられ、現実の喧騒を忘れさせてくれるような空間が、宝塚《そこ》には存在する。ファンはこの地を、親しみを込めて「ムラ」と呼ぶ。

なぜ「ムラ」かといえば、そこが昔、「ムラ」、つまり行政区画上の村であったからである。「宝塚」という地名は、一九一四年の少女歌劇誕生以前に、行政的な名称として定着していたイメージがあるが、実は違う。宝塚市のホームページ[3]によると、一九五一年に武庫川左岸の川辺郡小浜村が町制を施行し、宝塚町となり、その後、一九五四年に武庫川右岸の武庫郡良元村と宝塚町が合併して、宝塚市が誕生。翌五五年、川辺郡長尾村、川辺郡西谷村を編入してほぼ現在の市域となった。

地名としての「宝塚」が、初めて記録に現れるのは、一六八〇年二月一九日の「摂州武庫郡川面村新田検地帳」[4]で、その中に「宝塚東　下々畑　五反壱畝拾歩」とあり、江戸時代前期には、すでに「宝塚」という地名が使われていたことがわかる。また、一七〇一年の岡田徯志『摂陽群談』には、地名の由来がみえる。すなわち、「宝塚　同郡《（川辺郡）》米谷村ニアリ此塚ノ許ニ於テ物ヲ拾フ者必ス幸ヒアリ此ヲ以テ宝塚ト号クル所伝タリ[5]」という。この塚のそばで物を拾った者には、必ず幸せがあるという縁起のよい地名は、明治に入ってから発見された温泉の名前にもなった。一八八五年に、大阪の岡田竹四郎が、武庫川の右岸で炭酸水の掘削に成功。その命名をめぐって、小佐治豊三郎の「宝塚創発温泉遠源誌」は、

> 我々が爰に創業する温泉は、なるべく縁起も良き名号を作らむと、伊子志《いそし》の在る武庫山を宝甲に諷し、号を宝塚とは命名せんと一致協賛の上、爰に宝塚温泉場の成立を視る事になり、順次に準備も整った[6]

と伝える。そして、宝塚は、大阪と舞鶴を結び、その一部は現在のJR福知山線の基盤ともなった阪鶴鉄道の開設によって、さらに広く世間の知るところとなる。

一八七二年に新橋―横浜間の鉄道が開設し、鉄道は文明開化の象徴となった。それだけでなく、鉄道の敷設は、中央集権体制の強化や、殖産興業の推進のために、政府も重要な施策とみなすようになっていった。岩倉具視らが、華士族に発行された公債を資本とする日本鉄道会社を一八八一年に創立してからというもの、政府の直轄する幹線鉄道と私設鉄道とが並立する態勢がつくられ、日

清戦争の翌年の一八九六年には、鉄道投資熱は一段と高まりをみせ、幹線部分だけでなく、ローカル線でも多くの競合計画案が立てられた。(7)

一八九一年の「阪鶴鉄道株式会社創立趣意書」(8)では、鉄道敷設の必要性を経済面・軍事面から強調し、大阪という土地の重要性を説いた。具体的な敷設区間は、大阪―舞鶴間が開通していないことに着目して決めたわけだが、舞鶴をめぐって、京都鉄道・摂丹鉄道と激しい請願合戦を繰り広げることとなった。(9)京都鉄道は京都から園部、綾部を経て舞鶴まで、摂丹鉄道は池田から園部を経て舞鶴までの敷設を目指していた。日露戦争が意識にのぼるなか、日本海に面した舞鶴は、軍事的要地であった。

結局、(一)大阪―神崎(現在のJR東海道線・福知山線尼崎駅)間は官設鉄道が一八七四年に開通していたこと、(二)福知山―舞鶴間は、摂丹鉄道と提携した京都鉄道に免許が与えられたこと、この二点から阪鶴鉄道には両部分の許可が下りず、中間の神崎―福知山間についてのみが、一八九四年に、京都鉄道と並立しうるものとして認可された。(10)首尾の部分が切断されてしまい、「阪鶴」とは名ばかりの鉄道になってしまった。(11)

阪鶴鉄道にとり満足とはいえない敷設許可になったものの、この鉄道の開通は宝塚に多くのものをもたらした。まず、一八九七年一二月、宝塚駅が開設された。宝塚はそれまで一温泉の固有名詞にすぎなかったのが、宝塚駅という駅ができたことで、知名度は格段に上がったに違いない。次に、人々の生活圏が拡大した。阪鶴鉄道は、神崎駅で官設鉄道と連絡し、宝塚駅や中山駅(現在のJR

福知山線中山寺駅）と、大阪（梅田）駅とをつないだ。小浜村は、大阪との交流がいっそう強まり、実現はしなかったものの、一八九九年には大阪府への所轄替えを決議している。[12]このことからも、阪鶴鉄道の開通は沿線地域に大きな影響を与えたことがうかがえる。

大阪側の事情もみておく必要がある。当時、日本の都市は巨大化の道をたどっており、大阪も例外ではない。一九二〇年一〇月一日、第一回の国勢調査が行われ、日本の人口は五五九六万三〇五三人であり[13]、大都市への人口集中の傾向がみられた。一八九三年には、全人口の一六パーセントほどだった都市の住民は、一九二〇年には、東京・大阪・京都・神戸・横浜・名古屋という六大都市に集中し、日本の全人口の約三分の一もの人々が、都市で生活するようになっていた。[14]

大阪市の人口は、大日本帝国憲法の出された一八八九年には、四七万六二七一人であったものが、一〇年後の一八九九年には八四万九一七一人と約八割も増し、国勢調査のあった一九二〇年には、一二五万二九八三人となっていた。[15]つまり、大阪市は、約三〇年の間に約二・六倍に膨れ上がり、一〇〇万人を超える人々が住む、日本を代表する大都会へと変貌を遂げたのである。

その背景には、一八九〇年代末の綿糸紡績業を中心とした日本最初の産業革命があった。大阪は、南方に広がる平野で、江戸時代から綿作が盛んで、加えて近畿一帯から安価な労働力を調達することが可能な場所であった。薩摩藩が、一八七〇年に堺で堺紡績所の操業を始めたのに続き、一八七九年には、二〇〇〇錘を備える渋谷紡績所（のちの堂島紡績）がつくられた。市街地周辺には紡績工場が次々と建ち、大阪は紡績産業の中心地となった。イギリスの工業地帯として有名なマンチェスターになぞらえて、「東洋のマンチェスター」と呼ばれることもあった。[16] 無数の工場の煙突から、吐き出される煙。かつての商都大阪は、工業地帯の立地する煤煙の都という、どこか薄暗く汚い都会を連想させる異名をもつこととなった。

都市が巨大化すれば、当然ながらその弊害も出てくる。一九〇九年七月三一日の北の大火、一九一二年一月一六日の南の大火は、焼失面積も大きく、人的な被害も出し、[17] 大阪市に住む人々に大きな衝撃を与えたであろう。このような災害時に限らず、日々の生活にも影響を及ぼす。当時の大阪が抱えていた深刻な都市問題の最たるものが、住宅難であった。第一次世界大戦後の大阪市内の空き家率は、一九一九年に〇・一五パーセントを示し、一九二〇年の住宅不足数は約五万戸と見積もられた。[18] ほかにも、交通網の整備の遅れ、スラム化する地域の出現、公害などの都市問題が山積し、急激になだれ込んできた人々を収容する能力を失った大阪の居住環境は最悪となった。

様々な都市問題にさらされた大阪の人々が目を向けた先が、郊外の阪神間であった。「阪神間」とは、大阪の「阪」と神戸の「神」の間の大阪湾岸一帯の地域をさす。戸田清子の定義を借りれば、「大阪と神戸に挟まれた、六甲山を背景とする地域をさし、行政区域としては、武庫川以西の西宮市、芦屋市、そして神戸市東部までを含めた地域[19]」ということになる。

阪神間開発の起点として、竹村民郎は、兵庫県武庫郡住吉村（現在の神戸市東灘区）を挙げている。[20] 住吉村は、一八八九年に五二一戸、二一四二人であった人口が、一九二〇年の国勢調査時には、一三〇六戸、五〇一〇人と二倍以上に増加した。[21] 竹村によれば、一九一〇年代後半ごろ、武庫郡住吉村の住民の三分の一強は、移住してきた新住民であり、別荘生活をしていた上流階級で、ほかは農・工・商を兼ねる中流以下の住民であったという。[22]居住環境の悪化から免れるため、より快適な場所へと転居できるのは、スラムで暮らすような下層民ではなく、生活に余裕のある人々であろう。まず、阪神間に移り住んできたのは、裕福な商人たちのような富裕層ということになる。

阪神間は、その温暖で風光明媚な土地柄ゆえに、明治時代から、商人たち富裕層の別荘地として注目されていたが、[23]大阪の人口増大による住環境の悪化を受け、そうした人々の居住地として需要が高まっていたことは、この地域の代表的な住宅地の一つである芦屋地区の人口の推移からも明らかである。

表1　明治後期から大正期の芦屋地区の人口の変遷

	戸数(戸)	人口(人)
1904年	639	3452
1909年(阪神電鉄開通後)	762	3904
1917年(現JR芦屋駅開設後)	1427	6517
1920年(現阪急電鉄開通後)	3598	19257

(「阪神間モダニズム展——ハイカラ趣味と女性文化」資料集8ページより作成)

表1から、交通網の発達、とくに鉄道の開通が、阪神間の形成に大きく関わっていることも読み取ることができよう。竹村は、住吉村から始まった富裕層による田園の理想郷をつくろうとする運動が、箕面有馬電気軌道の郊外開発につながっていったとしている。[24]箕面有馬電気軌道とは、一九〇七年に阪鶴鉄道が企業主体を変えたもので、のちの阪神急行電鉄（一九一八年社名変更）、現在の阪急電鉄（一九七三年社名変更）である。[25]そして、この開発を計画し実行した人物こそが、箕面有馬電気軌道の創業者で、かつ宝塚少女歌劇の生みの親でもある小林一三である。

第二節　箕面有馬電気軌道と小林一三

小林一三は、一八七三年山梨県北巨摩郡韮崎町（現在の韮崎市）の豪商の家に生まれ、誕生日が一月三日であったことから、一三と名付けられたという。生後七ヶ月で実母を失い、婿養子で小林家にきていた実父も、実家へ帰ってしまったため、本家で養われることとなった。

一八八八年、一三は慶応義塾に進学。世間では、大日本帝国憲法が制定され、第一回衆議院選挙が行われていたころ、三田で学生時代を過ごした。「この頃から、私は学校の勉強がイヤになって、二十歳の冬、辛うじて卒業させて貰ったように、文学青年の空想的生活に終始したので、いまだに無学であることを後悔している」[26]と、一三はのちに述懐しており、相当な文学青年であったようである。在学中、麻布の東洋英和女学校校長夫妻が賊に襲われたラージ氏殺害事件に構想を得た「練糸痕」を、山梨日日新聞に連載するも、事件と連載開始までの期間が余りに短かったために容疑者として疑われ、執筆を中止するということもあった。[27]卒業後まもなく「お花団子」という時代小説を上毛新聞に連載している。一三は、小説以外にも、日記、脚本、論説など、多数の著作を残したが、それは青年時代から文学に親しみ、文章を書くことが好きだったからであろう。以下、『逸翁自叙伝』などにより、その生涯を簡単にたどる。

三田時代の一三は、「私の学友には大阪人が沢山あった[28]」と述べているように、多くの大阪人と交友をもち、人脈を広げた。慶応の先輩で大阪毎日新聞の渡辺治と、都新聞に入社する話もあったが、渡辺の都合で実現せず[29]、一八九三年、三井銀行に入り、本店の秘書課に配属となった。秘書課が人事を扱っていたこともあり、大阪支店からの要請を契機に、自ら希望して大阪支店へ赴任した[30]。初任給は月給一三円、半期賞与金四ヶ月というから、毎月二〇円程度の収入がある計算になる。だが、「下宿料は八円で、普通ならば充分であったと思うが、半期五百円位は生家から、なんとかかんとか文句を言われながら仕送りを受けて居った[31]」という。生家から得たお金で、道頓堀弁天座で芝居見物をしたり、東京から友達が来れば、真っ先に心斎橋筋から道頓堀、千日前を案内して歩いた[32]。大阪経済界の動静を学ぶだけでなく、仕事を離れても見聞を広めたようである。

このころ大阪では人形浄瑠璃の座の解散が相次ぎ、歌舞伎も初世中村鴈治郎と人気を二分していた片岡我当（十一世片岡仁左衛門）はすでに東京に移っていた[33]。梅田に新築された大劇場歌舞伎座に、劇聖と呼ばれた九世市川団十郎が東京から乗り込み、舞台開きをするものの長続きしなかったり、堂島座も短命であった[34]。こうした興行界の状況を目のあたりにしたことが、後述するように、宝塚少女歌劇を「維持し安きもの」（小林一三「日本歌劇の第一歩」①一八・八）にしようとしたり、あるいはその大劇場主義につながるのではないかと考える。

そのなかで、一三は秋山儀四郎という米穀商を営む実業家に出会う。秋山は引退後、大阪角座を経営していた。[35] 秋山の様子を、「一滴の酒も飲まず、座に饅頭の小鉢をひかえて猥談の奥儀を叙述し、処女の神秘性を語る時は、醇々乎として謹厳そのものの威容を失わず、実に聴者をして襟を正しうせしむる魅力を持っていた[36]」と、一三は回想している。秋山の処女神聖論が、のちの少女歌劇の根底に流れているのかもしれない。この尊敬すべき大先輩からは、興行の成功の秘訣も教えられた。

興行というものは舞台の上の役者の芸を見ていると失敗をする。この芝居が面白いか、当るか当らぬかは、二階の一番奥のお客様の様子をジッと見ていると、間違いのない結論が出て来るものだ。あのお客様たちがほんとうの芝居好きで、彼等が他を顧みている時は、必ず損だよ。[37]

この秋山の一言が、一三をして民衆本位の劇を目指した劇場経営者に導くものであったことをうかがわせる話がある。宝塚少女歌劇をつくる直前の一九一二年三月、一三が帝劇で三浦環や清水金太郎らが出ているオペラ《熊野》を観た時のことである。

それを見ながら観客はゲラゲラ笑っている。そのころの観客は大体芝居のセリフ、講談のセリフを聞きつけている人たちだから、「もォーしもォーし」といって奇声を発してやるのがおかしくてしようがない。だが見渡すと、それを笑わないで聞いている一団が三階席にいた。三階席の中央部にいた男女一団の学生達である。私は冷評悪罵にあつまる廊下の見物人をぬけて三

階席に上って行った。みんな緊張して見ている。僕はそこへ行って、

「あなた方、これがおもしろいのですか」

と、聞くと、

「三浦さんはこうだ、清水金太郎はこうだ」

と、批評をする。それは音楽学校の生徒であった。私には音楽学校でそういうものを習っているな、ということがわかった。オペラの将来が洋々と展けていることを知った。

もっとも、その前からそのくらいのことは多少知っておったけれども、いよいよ自分が少女歌劇をやり出すについて、これは笑うどころじゃない、みんな必ずついて来るという確信がついた。それからは私はどんどん自分の考えどおり進むことができたものだ。(38)


一三は、秋山の教え通り、三階席の学生の反応を直接確かめることで手応えを感じ、少女だけの歌劇《オペラ》を始める決心を強くしたのである。秋山との出会いは、宝塚少女歌劇の誕生において、欠かせないものであった。

さて、一三は、一八九七年、名古屋支店に異動となる。(39) 二四歳になっていた一三には、愛する人がいた。丹羽こう、まだ一六歳であった。しかし、周囲からの細君をもてとの忠告もあり、一三にも女房をもちたいという希望がめばえ、(40) 別の女性と見合いをすることになった。二枚の見合写真をもらい、「愛くるしい丸顔の子供々々した無邪気さを捨て難く思って、見合いをすることに決心(41)」

した一三は、その女性との結婚を決めた。一八九九年八月に大阪支店に再び転勤になった一三が新妻と大阪に帰ると、留守居のお針さんという女性から、不在の間にこうが来たことを知らされ、残りの公休に友人と約束があると新妻に告げて、こうを連れて有馬温泉へ行ってしまう。(42) ところが有馬から帰宅してみたら、新妻は手紙をおいて東京に逃げ帰ってしまっていた。一三は、結局、「わたしを妻にする旦那様は、必ず出世する」といった、こうと結婚したのである。一九〇〇年、一三が二七歳のことであった。(43) この時の経験が、彼の女性観に影響を与えたか定かではないが、少なくとも見合い相手を選んだ理由の「愛くるしい」「無邪気」「子供々々した」は、初期の宝塚少女歌劇の性格を表す語に重なる。

結婚した翌年、一三は東京箱崎倉庫主任に栄転して上京したが、実際には次席であった。それ以降、仕事面では不遇をかこつ。(44) その代わりに、家庭生活は順調だったようである。一九〇一年には長男冨佐雄が、一九〇三年に長女とめが、一九〇四年には二男辰郎が誕生している。一九〇二年の一月の日記などは、お通じの心配など、長男のことばかり書いてあり、まさに子煩悩な父親のそれである。

明治三十五年一月三日　晴（略）
今日は午後から親しい友達が七、八人落合ふて印しばかりの御祝にビール三本を傾けられた牛肉鍋のつゝき合で皆々満腹で帰られた、誠に愉快だつた、而し自分は見て居るだけだ

小供が生れて初めての春だ、而も今日は自分の誕生日だ、駄句が在る

緑児の御代とや春の高笑

児の笑に天下の春をあつめけり(45)

二九歳の自身の誕生日に、愉快に皆が歓談する様子を眺め、上機嫌で句を詠んでいる。家庭生活の充実は、宝塚少女歌劇を家庭本位の、家族で観ることのできる歌劇に、という一三の持論を形成する上で、重要な出来事であった。

一三は、一九〇七年一月に、三井銀行を辞職する。銀行員時代は家庭人としてばかりでなく様々な面で、宝塚少女歌劇誕生につながる礎をつくることとなった。担保品を扱う必要から美術に詳しくなり、とくに大阪の劇通の仲間を介して知り合った人の茶道具を整理したことで、茶道にも精通したりと、美術蒐集家・茶人という文化人としての一面を培った。(46)実業の面では、三越呉服店への転職の誘いを受けて、借金をして買った三越の株を、日露戦争後に株式市場が暴騰した折に売り、多少の財産をこしらえた。(47)銀行を退いたのも、三井物産の重役飯田義一、北浜銀行の岩下清周から、証券会社設立の話を持ちかけられたからである。ところが、一九〇七年一月に入ると、株式市場が変わり、世間の投機熱は一気に冷めてしまった。(48)一三が、「いとも心細く大阪に着いたその日が、日露戦後熱狂的に連日連月暴騰した株式市場に襲来した反動暴落の序幕の日」(49)であったという。証券会社の夢はあっという間に消えてしまった。妻と三人の子がありながら路頭に迷い、悲観材料ば

かりのところを、一九〇七年四月、阪鶴鉄道の大株主でもあった飯田義一に拾われる。(50) 一三は、監査役として、阪鶴鉄道に迎えられることになったのである。

日露戦争中、官営と民営との車輪の構造やダイヤの違いが問題視され、軍事のための大量輸送を確実にする鉄道整備の必要に迫られた。政府は一九〇六年に鉄道国有法を成立させ、全国の幹線を構成する一七の私設鉄道は翌年一〇月までに国有化することになる。この一七の私鉄のうちの一つが、阪鶴鉄道であった。

阪鶴鉄道は、箕面有馬電気鉄道として、一九〇六年一二月、内務大臣が原敬の時に許可状を取得する。箕面有馬電気鉄道は、阪鶴鉄道に支線として認可されていた免許路線（大阪―池田間）を、企業主体を変えて復活した会社である。(51) しかし、まもなく日露戦争後の恐慌がおこり、「資本金五百五十万円十一万株の中、証拠金二円五十銭を捨て、第一回払込金をなさざる株式五万四千百四株の棄権者(52)」が生じ、半数以上の株の棄権に遭った箕面有馬電気鉄道は、創立さえ危ぶまれる状態であった。

いよいよ解散かと思われたとき、一三は、発起人会や重役会に出席するために、線路の敷設が計画されている大阪―池田間を二往復も歩き、沿道における住宅経営の新しい案を考え出して、企業計画を練り上げた。(53) 鉄道沿線に住宅地を造るという一三のアイデアは、日本人の生活スタイルを変え、現在においても、「いまだに小林が創った生活モデルを超えるものは生み出せていない(54)」と高い評価を得ている。実際に自ら二度も歩いたという点が、彼の努力を惜しまぬ卓越したところであり、ここでの空想がやがて、阪急電鉄の沿線に出現することとなった。
この計画をもって一三は、「私にこの仕事をやらして頂けませんか」と岩下清周に打診する。[55]一生の仕事とする覚悟を岩下に求められた一三は、金銭上も全責任を負う形で契約書に調印し、箕面有馬電気軌道株式会社の創立を引き受けることになった。こうして一三は経営者の道を歩み始めたのである。会社の名称が、箕面有馬電気鉄道から箕面有馬電気軌道に変わっているのは、軌道条例による起業は、私設鉄道法[56]による鉄道の起業と区別するため、その社名に「軌道」という名称をつけることを、兵庫県から要請されたからであった。[57]
箕面有馬電気軌道は、一九〇八年、「最も有望なる電車」と題するパンフレットを一万冊刷り、株主や関係者、市内に配布した。内容は、「建設費予算からその工事説明、終始予算、住宅地の経営、遊覧電鉄の真価[58]」などで、三七ページで構成し、事業計画の概要を以下のようにまとめた。

会社の所有となるべき土地が気候適順、風景絶佳の場所に約二十万坪、わずかに梅田から十五分ないし二十分で行けるところにあります。この所に停留場を設け大いに土地開発の策を講じて沿道の乗客を殖やし、同時に土地の利益を得ようという考えです。[59]

梅田から延びる沿線の利便性だけでなく、駅を設けて周辺を開発することで乗客増加を促し、その乗客の住まいとして住宅地を販売することで、利益を上げる。そこで強調されるのが、風光明媚な土地柄ゆえに、快適に暮らせる点である。

大阪付近を跋渉して御覧なさい。吹田方面、桃山、天王寺、天下茶屋、住吉、浜寺、それから阪神線の沿道を御一覧になった上で比べて見て下さい。この沿道は飲料水の清澄なること、冬は山を北に背にして暖かく、夏は大阪湾を見下ろして吹き来る汐風の涼しく、春は花、秋は紅葉と申分のないことは論より証拠で御一覧になるのが一番早やわかりが致します。(60)

四季の変化を感じられる素晴らしい土地であること、飲料水が清らかであることを存分にアピールしている。それから一〇年が経った第一次世界大戦後の大阪は、屎尿の河川への投棄が増加しただけでなく、工場煤煙や廃液の増加もあり、河川・大気の汚染が進んでいた。(61)一三は、将来的な環境のさらなる悪化を見越して、この宣伝文句を考えたのであろうか。

続いて、一九〇九年には、「住宅地案内――如何なる土地を選ぶべきか・如何なる家屋に住むべきか」を発行する。その冒頭で、

美しき水の都は昔の夢と消えて、空暗き煙の都に住む不幸なる我が大阪市民諸君よ!(62)

と、都市問題が噴出していた煤煙の都・大阪の現状を強く意識して呼び掛けた。続けて、「大阪市

民の衛生状態に注意する諸君は、慄然として都会生活の心細きを感じ給ふべし、同時に田園趣味に富める楽しき郊外生活を懐ふの念や切なるべし」と、現状を打破すべく郊外生活の薦めを説く。この冊子においても、強調されるのは、沿線が非常に自然豊かであることだ。

折柄天高く、秋爽の清気人に迫り、黄ばめる稲原を渡る風は、やがて全線十八哩半、野山の錦、二月の花よりも紅なる紅葉に音づれて、海内無双の箕面公園に遊ぶべき時、その沿道を跋渉せんとする諸君のために、試みに自ら薦めんか。(63)

描いてみせた自然の情景は、あまりに美しい。急速な都市化の進展によって、失われつつある自然に、人々が思いを馳せたとしても不思議ではない。しかも、この冊子では、郊外生活に必須な条件として、交通の便のよさを挙げ、自社の有用性を積極的に読者に伝えようと試みている。

一三が郊外の開発を進めるにあたりターゲットにしたのは、新中間層である。むしろ、新中間層の大量出現を予期したかのようなタイミングで、郊外の開発に着手したとする方が正しいだろう。

第一次世界大戦後、日本の産業構造が急激に変化し、俸給生活者が大量に生み出されることとなった。(64)商家などの旧中間層に対して、会社員・教師・官吏などの俸給生活者が、新中間層と呼ばれる。一九二〇年実施の国勢調査によれば、新中間層に相当する層が約一五一万人にのぼり、全就業者中約五〜七パーセントを占めていたとされる。(65)

増加しつつあった新中間層は、阪神間に憧れてはいるが、高級住宅には手が出しにくいことに、一三は目を付けた。そして住環境の悪化していた大阪から郊外に移り住む人々の受け皿を創出した。その手法は、「碁盤の目のごとく百坪一構にして、大体二階建、五・六室、二・三十坪として土地家屋、庭園施設一式にて二千五百円ないし三千円、頭金を売価の二割とって残金を十ヶ年賦、一ヶ月二十四円支払」[66]えば、所有者のものになるという、当時としては画期的なものであった。一三が提示した新しいモデルを受け入れた新中間層は、大都市郊外に新しく開かれた住宅地に、現代でいうところの住宅ローンで手に入れた庭付きの一軒家に住み、電車に乗って通勤するというライフスタイルを確立していく。

二冊のパンフレットの効果もあってか、箕面有馬電気軌道が一九一〇年に分譲を開始した池田室町の住宅地は、すぐに完売した。それに続き、豊中、桜井（現在の箕面市桜井）、服部（現在の豊中市服部）と沿線の住宅事業を強力に進めた[67]。

成功の裏には、失敗もあった。一三自身の回顧によれば、その一つに西洋館がある。高級な住宅が立ち並ぶ阪神間でさえ、純洋式の物件は売れ残ったという[68]。人気があったのは赤や青の彩色瓦などが使われた、和洋折衷の文化住宅である。当時の郊外の中流住宅を代表する中廊下型住宅様式は、公的空間である書斎兼応接間と、家族の日常生活の場である茶の間や居室とが、家の中央を通る廊下で分離されるという特徴があった[69]。この時代の住宅には、女中部屋があるのも大きな特徴である。一三は、「宅の女中部屋の如きも、押入れにすべき所を二段棚の寝台に造りつけて、その利用を勧めるけれど使はない」[70]と、不評であったという。

阪急沿線に成立した郊外型ニュータウンの住民は、新興中産階級であり、社会的な上昇志向が強く、教育熱は高かった。また彼らは、新中間層の成立とともに社会に広がりつつあったモダニズムの受容者であったが、完全に西洋化してしまうのではなく、日本的伝統をも大事にしたいという志向を持ち合わせていた。しかも、彼らは、家庭本位であり、健全な家庭を築きたいという保守性も強い。そのような上昇志向ゆえの教育熱の高さと、結婚第一主義、それらを保持しつつ、自尊心を満たせる文化を享受することを求めていた。それにうまく応えたのが、まさに宝塚だったのではないか。宝塚少女歌劇の初期、西洋物が敬遠され、人気となった和洋折衷の演目は、下町大衆の伝統芸能とも一線を画するものであり、彼らの自尊心を満たすのに十分だったといえる。

第三節　宝塚唱歌隊の結成

箕面有馬電気軌道の宅地開発が緒についたころ、時の第二次桂太郎内閣は、日露戦争下の挙国一致体制を踏まえ、列強に対抗する体制を地方からつくることを目的として、地方改良運動を展開する。一九〇八年に戊申詔書を発布して、日露戦争の戦費で疲弊した町村の財政基盤を立て直し、公共投資を積極的に行うため、行政村と自然村の二重構造の解消を目指した。また、農事改良事業を推進し、農業生産力の増進も図っていく。農村では、松方デフレ後、小作農が増え、特定の大地主に農地が集中していた。都市の近郊は人口増加によって食糧需要が増えていたにもかかわらず、農業人口は減少傾向にあった。宝塚のある武庫郡一帯でも、一八九〇年代の終わりから、地主たちは小作地から得た小作料で果樹園経営に投資するようになり[71]、西谷村で、「会員は協力一致して農事改良の実行を期し国力の増進を図ることを目的[72]」とした部落農事会が、国の地方改良運動に先んじて結成される。

地方で国力増進を目指し、行政村の成員同士のつながりを強めるために、共同体が意識される一方、都市では、地方から流入した勤労生活者の増加とともに、地縁関係に基づく連帯意識は薄れ、人情味のある生活の連携は希有になっていた[73]。

一九一〇年五月、桂内閣の社会主義者に対する徹底的な弾圧政策によって、幸徳秋水ら二六名が起訴された。世にいう大逆事件である。この事件で社会主義運動そのものが打撃を受けたばかりでなく、世の中全体を閉塞感が覆うようになっていく。

経済界も、日露戦争後の株式投資のブームも束の間、慢性的な不況に陥っていた。一九〇三年に一億円ほどであった外債は、一九一一年末には一六億円を超え、そこに輸入超過も加わり、兌換さえも危ぶまれる状況であった。日露戦争中に課せられていた非常特別税は、恒久税に組み込まれ、塩の専売や酒税の増徴などは、民衆の生活に大きな影響を及ぼし、生活難にあえぐ民衆の争議が、至るところで起きていた。[74]

そのような暗い時勢のなか、箕面有馬電気軌道は、一九一〇年三月、大阪―宝塚間（宝塚線）と石橋―箕面間（箕面支線）の二路線の営業を開始し、[75]業績は順調であった。一九一二年四月一日から一九一二年九月三〇日までの、「箕面有馬電気軌道株式会社営業の概況」[76]をみると、約半年の営業で、乗客は二七八万七一五八人を数え、二八万四八一四円四八銭の収入をあげていた。一日平均の乗客数は一万五二三〇人で、一日当たりの収入は一五五六円三六銭とある。

一三は、乗客増加を図るために、早期に住宅地を造成することを計画したが、それにはやはり時間がかかる。そこで、「沿線が発展して乗客数が固定するまでは、やむをえず何らかの遊覧設備をつくって多数の乗客を誘引する」[77]ことにした。その一つが箕面動物園であり、もう一つが宝塚新温泉である。

箕面は、一八九八年に大阪府が天然公園に指定[78]した、広大な森林と奥深く静かな渓谷のある自然豊かな地である。そこに三万坪ともいわれた動物園が、郊外開発における遊覧施設の第一弾として一九一〇年一一月に開園した。売りは、自然環境のなかにある猛獣舎と、回転展望車であった。翌年の一〇月には、箕面山林こども博覧会を開催。[79]これは、日本初の電車の誘客のための、しかも子ども向けの催しものであった。川崎賢子が「明治末から大正期にかけては、日本における子どもの発見・再発見の時期だった[80]」と述べているように、子どもに焦点を当てれば、必然的に子どもと行動を共にするであろう家族にも目が向けられる。

表2　阪鶴鉄道主要駅等級別乗車人数

駅名	年／等級	1901年 1等	2等	3等	計	1909年 1等	2等	3等	計
伊丹		101	3921	122474	126496	521	5777	206453	212751
池田		377	5691	169886	175954	339	10638	261133	272110
中山		105	2239	66549	68893	80	3766	77353	81199
宝塚		632	5495	47691	53818	758	15625	97149	113532
生瀬		334	3260	36152	39746	421	3225	39403	43049
武田尾		24	617	13113	13754	65	2465	23999	26529

(『宝塚市史』第3巻　188～189ページより作成)

そして宝塚では、一九一一年五月に宝塚新温泉が、大理石造りの大浴場を中心とする家族的娯楽場として武庫川左岸に開場した[81]。新温泉としたのは、第一節で触れた一八八五年開湯の宝塚温泉と区別するためである。

一八九七年の阪鶴鉄道開通以来、宝塚―大阪のアクセスがよくなって、宝塚温泉の入浴客は増え、旅館の数も増加[82]、名物の炭酸煎餅を売る店も並び、温泉街は繁昌していた。表2にある通り、宝塚新温泉ができる以前のほぼ一〇年の間に阪鶴鉄道宝塚駅における乗客数は、五万人から一一万人と倍以上に増加している。宝塚駅を利用する客は、他の駅に比べて一等車の利用が多いことも特筆すべき点であろう。

また温泉街にあった旅館泉山楼の一九〇七年の宿帳は、宿泊客の居住地や職業を記録している[83]。それによれば、川辺郡・武庫郡・有馬郡など宝塚近郊からの旅客は、五・四パーセントで、旅客の大部分は、鉄道を使ってやってきたことになる。阪鶴鉄道で結ばれた大阪からの旅客が七〇パーセントを占め、その大部分が大阪市からの旅客であった。職業は、新中間層の会社員・官吏・教師を足しても

表3　旅館泉山楼1907年の旅客圏

大阪		70.8%
兵庫		14.7%
川辺郡・武庫郡・有馬郡	5.4%	
神戸	6.5%	
その他	2.8%	
京都		7.3%
東京		1.6%
岡山		0.4%
徳島		0.4%
その他 （島根・岐阜・鹿児島・愛知・高知・広島・神奈川・石川・福井・香川・福岡・北海道・青森）		4.8%
計		100%

（『宝塚市史』第6巻　345ページより作成）

五パーセント以下と少なく、宝塚温泉へやってくる客の大部分は商人であった。煤煙の都から逃れるべく、余裕のある大阪の商人たちが、新しくできた電車を使って湯の街宝塚に足を運んでいたことが推察される。武庫川右岸の温泉街が賑わいをみせていたところ、対岸に宝塚新温泉が開業したことになる。

宝塚新温泉は、一九一二年四月一日から一九一二年九月三〇日までの約六ヶ月で、入浴客は三〇万二二七三人にのぼり、一日平均で一六五二人もの人が利用した。入浴料の総額は一万六一七三円四五銭で、雑収入を加えて一万七九二二円余となり大盛況だった。誘客策のもう一方の柱である箕面動物園の同時期の入場者数は、一六万七四四七人で、一日平均九一五人、入園料の総額は七三四一円七六銭であった[84]。半年早くオープンした箕面動物園の入場者数は、宝塚新温泉の約半分である。動物園は天候に左右されやすい。また、一九一二年七月に明治天皇の死去、皇室服喪令による諒闇[85]で、国民は喪に服することになった。レジャーなどを慎んだため、客足が遠のくのは必定と思われる。箕面有馬電気軌道の「第拾回報告書」で「七、八両月ニ至リ、畏クモ　先帝陛下御不予発表ノコトアリ、引続キ晏駕アラセラレタルヲ以テ、天地諒闇トナリ、一般憂愁ノ折柄ニツキ、総テノ催物等ヲ全廃シ、只管謹慎ノ誠意ヲ表シタル為メ、自然遊覧者ノ出遊ヲ阻止シタレトモ、尚且ツ前年同期ニ比シ増収ヲ挙グルニ至リタルハ、又以テ沿道ノ発達ヲ証明スルニ足ルベシ[86]」と総括している。たしかに、総合的には前年よりも増えたことは、一三の乗客誘因の策としては成功といえるだろう。しかし、国内を覆う暗くどんよりとした情勢が、箕面動物園の入園者獲得のブレーキとなったこともまた否めない。箕面動物園には、目玉であった自然のなかに設置した猛獣舎の維持管理と、箕面の美しい自然環境の保護という、乗り越えねばならない大きな課題もあった。それに対して、宝塚新温泉は盛況であったことから、ついに一九一六年三月に箕面動物園は閉園、箕面公会堂[87]も宝塚へ移転し、遊覧施設の経営は宝塚に集中することになった[88]。

本業の鉄道業でも、問題を抱えていた。箕面有馬電気軌道という社名にもなっている宝塚から有馬までの営業は、敷設許可は出ているものの未着工のままである。有馬温泉が、宝塚温泉に比べて、三〇〇メートル余り高い場所にあり、峻嶮な山岳地帯を縦貫する難工事が必要であったためだ。一九一二年に申請済みの路線を変更したが、それでも資金面での負担が過大であることから、一九一三年には、有馬―宝塚間の軌道敷設権自体を放棄することに決した[89]。有馬まで線路が延びなかったことは、宝塚の発展にとっては幸運であった。

箕面動物園の閉鎖が決まったことを受け、宝塚新温泉内の娯楽設備を充実させることとなり、一九一二年七月一日、室内水泳場を備えた、近代的な構造の洋館＝パラダイスを増設する[90]。しかし、この水泳場も、温水設備がなかったことから失敗する。

このプールの設計は、その当時の日本にはどこにも無い最初の試みであったが、時勢が早すぎたことと、蒸気の通らない室内プールの失敗と、女子の観客を許さない取締りや男女共泳も許さないというういろいろの事情から、利用される範囲がすこぶるせまく、結局失敗に終ってしまった。(91)

のちにこのように原因を整理した一三だが、失敗を放っておくことはなかった。室内水泳場の後始末として、プールの上に板を張り、温泉客を楽しませる余興を思い立つ。そのころ、大阪では、赤地格子縞の洋装に鳥の羽根のついた帽子を斜めにかぶった可愛らしい、三越の少年音楽隊が活躍していた。(92)これにヒントを得て、当初は婦人唱歌隊ということで募集し、一九一三年七月一五日、一二〜一九歳の少女たちを一期生として採用した。(93)

高峰妙子　雄山艶子(ママ)　外山咲子　由良道子
八十島楫子　雲井浪子　秋田衣子　関守須磨子
三室錦子　小倉みゆき　大江文子　松浦もしほ
三好小夜子　筑波峰子　若菜君子　逢坂関子(94)

この一六名で宝塚少女歌劇の前身、宝塚唱歌隊は出発することとなった。[95] 同年一一月、振付師の高尾楓蔭《たかおふういん》、久松一聲《ひさまついっせい》と、滝川末子、篠原淺茅、人見八重子、吉野雪子の第二期生四名が加入し、一二月には、宝塚少女歌劇養成会と改称した。[96]

ところで、このころ、中産階級女性の職業進出が始まっていた。婦人雑誌も数を増やしていたが、とくに一九一一年九月一日、女性のみの日本最初の文学雑誌『青鞜』が創刊された。平塚らいてうをはじめ同人は、女性にも開かれていた文学を通して自己の解放を目指したが、女性の独立が好ましいこととはされなかったのも事実である。[97] 見方によれば、宝塚少女歌劇は、女性だけの世界に新たなジャンルを創設しようとしていたのであり、文学の代わりに歌劇を通して、女性の解放を目指せたのかもしれない。けれども、少女歌劇がそのような機能を果たし切れていないのは、あくまでも女性は演者にすぎず、男性がつくり出す脚本や世界といったものを、稽古によって忠実に再現することのみが、彼女たちの務めであったからである。同じ女性のみの組織でも、青鞜社が同じ志をもつ仲間が集ってつくられた組織であるのに対して、宝塚唱歌隊の発起人・経営者は男性で、その方針は経営者に委ねられた。経営者の観点から、箕面有馬電気軌道の乗客誘因のために、遊覧施設をプロデュースしたにすぎなかった一三は、「宝塚の女子唱歌隊ならば宣伝価値満点であるという、イーヂーゴーイングから出発したもの」[98] と説明している。結成時、唱歌を歌うだけでは物足りないから歌劇《オペラ》を上演すべきとする意見と、歌劇《オペラ》のように高踏的なものは余興には相応しくないという意見が対立し、のちに機関誌『歌劇』誌上では、少女歌劇をどうするかといった議論が、少女たちを置き去りにして、盛んに行われもした。

いろいろな意見があるなかで、わかりやすくやりやすいものをという一三が示した基本方針に沿って、少女たちは九ヶ月の稽古を経て、一九一四年四月一日、婚礼博覧会の余興として、パラダイスの水泳場の仮の舞台に立ったのである。これが、その後一〇〇年続く宝塚歌劇の記念すべき初公演であった。演目は、北村季晴の歌劇《ドンブラコ》、本居長世の喜歌劇《浮れ達磨》、ダンス《胡蝶》の三本立てである。この公演は、もの珍しさから予想外に歓迎され、大阪毎日新聞は、婚礼博覧会の陳列品とともに初日の模様を報じた。

> 特に愛らしきは八月以来、五人の音楽隊と三人の教師によって仕組まれたる十七人の少女歌劇団が、無邪気な歌劇《ドンブラコ》四幕（桃太郎鬼退治）や意外に整頓したオーケストラや、合唱、独唱や、若い天女のような数番のダンスなどにて、これら若き音楽家らは、いずれも良家の児の音楽好きを選べるにて、特に左の七人（ママ）は天才と称せらるるものなりと。
> 桃太郎になる高峰妙子（十四）△爺さんになる外山咲子（十五）△婆さんになる雄島艶子（十六）△猿になる雲井浪子（十二）△犬になる八十島楫子（十四）△雉子になる由良道子（十二）[99]

無邪気な歌劇と紹介された北村季晴の《ドンブラコ》は、一九一二年に出版された。[100] 楽譜も現存し、二〇〇九年に再現演奏された『おとぎ歌劇「ドンブラコ」桃太郎』[101]によると、ピアノの演奏にあわせて、おとぎ話「桃太郎」の世界が、可愛らしく描かれる。ただし、鬼が島の鬼退治と日露の対立を二重映しにした作品といわれる通り[102]、鬼が島から帰ってきた桃太郎を、村人が「帝国万歳」と迎え、「君が代」を歌って幕が下りるという内容で、帝国主義が根底に流れていた。

二ヶ月間の公演は、入場無料だったこともあり、連日満員で、ほほえましく可愛い少女たちの無邪気さは、人々に歓迎されたようであった。しかし、その後の夏期公演、秋期公演は振るわなかった。第一次世界大戦が勃発して、いっそう景気が冷え込み、開戦直後の八月一九日には、北浜銀行が支払い停止に陥っていた[103]。北浜銀行の頭取であった岩下清周は、箕面有馬電気軌道の社長も務めるかたわら、大阪と奈良を結ぶ大阪電気軌道（現在の近畿日本鉄道）の社長として、開業を目前にしていた。その岩下を、大阪日日新聞が突然攻撃し始め[104]、疑獄事件に発展した結果、北浜銀行が大株主として所有していた箕面有馬電気軌道の株を、一三が引き受けることとなった。この北浜銀行事件は、一三をサラリーマン重役から資本家重役に昇進せしめたといえるが、宝塚少女歌劇養成会は、第二回の公演中に、早くも北浜銀行という後ろ盾を失うことになった。生まれたばかりの少女歌劇が直面した厳しい状況に、理解を示し、手を差し伸べたのが初日の記事を載せた大阪毎日新聞であった。

大阪毎日新聞の前身である大阪日報は一八七六年二月に発刊された。一八七〇年代は新聞の発刊が相次ぎ、やさしい文体の読売新聞が一八七四年一一月、一八七九年一月には大阪で朝日新聞が発刊されている（いずれも小《こ》新聞）。一八八九年の憲法が発布されたころには、新聞は地方にも普及し、大衆に身近な存在となっていた。新聞各紙は企業とタイアップした事業などを行い、販路の開拓に努めた。たとえば、一九一二年四月に大阪毎日新聞社がマラソン大会を実施し、運行区間の重なる箕面有馬電気軌道の同月の利用客数を押し上げるのに一役かった(105)。

大阪毎日新聞の五代目社長本山彦一は、第一次護憲運動で襲撃された官僚派を支持した御用新聞社や、政府系の新聞とは一線を画し、常に民衆側に立っていた。都市公害が広がり、貧しい勤労者がスラムを形成する大阪にあって、「一本の指のうずきは、同時に、全身の苦痛である。社会の一隅に、生活に疲れ、病に苦しむものの存することは、すなわち、社会全体の悩みでなければならない」という精神に基づき、一九一一年に大阪毎日新聞慈善団を発足させた(106)。その基金を集めるために、大阪毎日新聞主催の大毎慈善歌劇会を年末に催すことになり、宝塚の少女たちが公演を行うこととなった(107)。大阪毎日新聞の営業局長が、慶応義塾時代からの一三の親友だったという関係のほかに、大阪毎日新聞と大阪朝日新聞の、販路拡大競争の激化も背景にあったようだ(108)。宝塚少女歌劇は知名度をあげる大チャンスであり、大阪毎日新聞にとっても少女たちが広告塔になり、自分たちの慈善活動を広められる。双方のメリットが一致し、一九一四年一二月一一日から三日間、北浜にある帝国座で開催され、以後、年末の恒例行事となった(109)。

一二月八日の大阪毎日新聞の宣伝記事(110)によれば、慈善会に少女歌劇を選んだ理由の第一は、少女オペラが愛らしく無邪気であることだ。初演時の記事から一貫して押されるのは、その無邪気さであった。無邪気な可愛さが、オペラを流行らせる入門として丁度よいことに加えて、どの年代の男女も楽しめることが挙げられている。ここでいわれている特徴は、その後の『歌劇』で延々と続けられる議論の前提となっており、初期の宝塚少女歌劇の基盤は、新聞という媒体とともに確立し、慈善公演にふさわしい出し物として、ともに歩んでいったことがわかる。

大阪毎日新聞は時流に乗り、一九一八年九月に兵庫で付録にいっせいに口語体を採用したことが読者に受けて、第一次世界大戦を契機に急増していた新聞購読者をさらに拡大させる。[111]一三が「大毎慈善歌劇会は、誕生後間もない宝塚少女歌劇を広く世間に認識させるに大いに役立った[112]」と述べるように、購読者の増加とともに、慈善会は賑わいをみせた。一九一八年の第五回目からは、収容人員の大きい中之島の中央公会堂に劇場を変えて行うことになる。

話を本拠地宝塚での公演に戻す。年末の慈善公演を経て、一九一五年正月公演は、一三の脚本《兎の春》で幕を開ける。月の神と兎四羽などが登場し、日本のことを寿《ことほ》いで歌う。

伊勢は蓬萊二見が浦に　昇る日の出は真赤で丸い　かどの御旗もまんまるい
丸いはずだよ治る御代は　敵にかちかちかちかちかち山の　今年や卯年はねる年[113]

卯年に、不景気でも景気よくやろうと、この兎たちが、歌い踊りながら、「うさぎとかめ」「カチカチ山」「因幡の白うさぎ」の話を順に紹介し、もう一度合唱を唄って幕が下りる。初期にこうした昔話を上演することは、その後の「なつかしい宝塚」というキーワードが出現する一つの条件であるように思われる。昔話自体が「なつかしい」のか、初期に昔話を題材にしたお伽的な歌劇を上演しており、お伽歌劇がその後も上演されたことで、初期の宝塚を思い、「なつかしい」と感じるのか。いずれにせよ、初期にこうしてお伽歌劇を上演したことは、人々に、「なつかしい宝塚」を想起させる土台を生成したといえよう。

一九一五年の秋期公演では、久松一聲[114]の《三人猟師[115]》が上演される。《三人猟師》は、三人の猟師が仕掛けた天ぷらの罠にひっかかってしまった子狐を、通行人に化けた親狐が助け、狐たちが猟師たちをからかうという話である。

台本には、能の謡のような地方合唱や、狂言のような台詞が、巧妙に織り交ぜられている。能は、江戸時代、幕府の庇護を受けていたが、幕藩体制の終焉によって衰退する。しかし一八七三年に欧米視察から帰国した岩倉具視が、礼服で国賓に見せられる芸能として能をとらえ、一八七六年に天覧能を実現したことから、上流社会に受け入れられるようになっていた[116]。新中間層も高尚な趣味として能を迎え入れたであろうし、狂言の笑いは、観客に親近感をもたせただろう。

《三人猟師》は、『歌劇』の読者投稿コーナー「高声低声」にしばしば、その題名が現れ、人気が高かったことがわかる。台本のみからでは、少女たちの実際の演技などわからないことも多いが、久松の巧みな脚本が、観客を惹きつけたことは確かである。この作品は、一九四四年三月に宝塚大劇場が閉鎖されたあとも、宝塚映画劇場で、一九四五年七月三日から八月一日にかけて上演されている[117]。

【コラム】少女歌劇と絵葉書──その1

劇団機関誌『歌劇』とともに、少女歌劇の発信するメディアには脚本集や楽譜集、絵葉書などがあった。『歌劇』の投稿欄「高声低声」に寄せられた意見からも、絵葉書を通して当時の観客が少女歌劇をどのように享受していたかがうかがえる。いくつかを紹介しよう。

《三人猟師》右：猟師杣六……小倉みゆき
中：椚蔵……雲井浪子
左：蔦平……大江文子

絵葉書の楽しみ方

✣おやおやおや、なんて沢山な人なんでせう。新しい方許りだわ、好い方がゐらつしやるわねエ、（略）どなたでせう？　わからないわ、──新しい方の写真を絵葉書にして売つて頂き度いわねエ、でなきや誰が誰だかわかりませんもの。（まさ子⑨二〇・六）

✣私の大好な大江文子様もお正月公演限り名残多くも宝塚を御退きなさいましたよし、私は大変寂しく悲しう存じます。（略）せめて昔の脚本、絵葉書によつておなつかしい御姿をおしのび致す事で御座います。（美夢草⑬二一・三）

✣大阪人の様に、屢々宝塚へ通ひ得ない私等京都は、なつかしい宝塚にあこがれて、脚本集や楽譜集やえはがきを抱いて、たつた一度きりしか見ない正月公演を思ひ出しては、ほゝえんでゐるのです。（京都にて清上和⑬二一・三）

初期の脚本は、主に小林一三と久松一聲によって支えられていたが、一三は、一九一八年春期公演の《一寸法師》を最後に一旦筆を置き、ペンネームの池田畑雄としての作はあるものの、小林一三の名前で次に発表したのは、一九四五年八〜九月公演の《新大津絵》であった。

一三は、阪急電鉄の社長以外にも、東宝や、東京電燈社長などを兼ね、一九四〇年には、第二次近衛文麿内閣の商工相、一九四五年には、幣原喜重郎内閣の国務相兼戦災復興院総裁となった。公職追放解除後は、東宝社長など、実業家や政治家として幅広く活動する。一九五七年一月、八四歳になった一三は、同月二五日、池田市の自宅で急性心臓性喘息のために急逝した。[118] 翌日のニューヨーク・タイムズが、「元閣僚、少女歌劇創始者の死」という見出し[119]で報じたことが象徴するように、宝塚少女歌劇の創始者として海外にも浸透していた事実は、一三の経歴を語る上で、宝塚の存在がいかに大きいかを示している。

一三は、一九五五年、宝塚の生い立ちを振り返った際、宝塚を「無理にこしらえた都会[120]」と表し、少女歌劇への思いを吐露していた。

四十余年前、武庫川畔の一寒村が今日、大衆娯楽のメッカ、宝塚という都会に生長した。演劇や文筆にあこがれた私の若い日の情熱が、事業家としての夢が、そのまま宝塚歌劇に、宝塚の街に実を結んでいる。私はいまでも、月に一度は老いの歩みを宝塚に運ぶ。人かわり、世はかわっても、そこには私自身の生長の歴史が深く刻みこまれており、さらに新らしい夢を、若々

しい意欲を私に与えてくれるのである。(121)

一三の夢が、宝塚《そこ》にはあった。一三はこの世を去る一七日前まで、宝塚大劇場に足を運んでいた。その日の日記を引く。

昭和三十二年一月八日　少雨
午後一時開演、花組公演を見る。一番目《宝塚おどり絵巻》二番目《メリー・ウイドウ》いづれも面白い、好評である。五時半終了、六時すぎ帰宅。(122)

宝塚に情熱を傾け、歌劇に対しては厳しい発言者でもあった一三の最期の観劇は、満足のいくものだったようだ。実業家や政治家として精力的に活動する傍ら、自分の子どものように宝塚を愛し、夢を託す。一三の夢の軌跡をたどる貴重な一次史料が、機関誌『歌劇』である。第二章からは、『歌劇』を中心に、「なつかしい」宝塚の「なつかしさ」に迫っていく。

注

（1）有川浩原作、三宅喜重監督、東宝配給、二〇一一年四月二九日全国公開。宝塚―西宮北口間を約一五分で

走る、えんじ色の車体にレトロな内装の阪急今津線に、偶然乗り合わせた乗客を軸に起こる、あたたかい奇跡の物語。http://hankyudensha-movie.com/

（2）宝塚駅から宝塚大劇場に向かう通り道。両側に車道を配し、一段高くなった中央部の歩道は、宝塚の舞台に通じる花道となっている。http://www.kanko-takarazuka.jp/spot/amusement.html

（3）宝塚市　http://www.city.takarazuka.hyogo.jp/

（4）宝塚市史編集専門委員編『宝塚市史』第三巻　宝塚市　一九七七年　二四一ページ

（5）同右書　二四二ページ

（6）同右書　二四八ページ

（7）原田勝正「鉄道の開通と発達」飛鳥井雅道編『図説日本文化の歴史』第一一巻・明治　小学館　一九八一年　一二〇ページ

（8）宝塚市史編集専門委員編『宝塚市史』第六巻　宝塚市　一九七九年　二五八〜二六八ページ

（9）前掲『宝塚市史』第三巻　一八一ページ

（10）同右

（11）同右書　一八二ページ

（12）同右書　一八六ページ

（13）政府統計の窓口　全国の人口、人口増減、面積及び人口密度（大正九年〜平成一七年）http://www.e-stat.go.jp/SG1/estat/List.do?bid=000001025191&cycode=0（二〇一三年一一月二三日アクセス）

（14）大庭邦彦ら『Jr.日本の歴史』第六巻・大日本帝国の時代　明治時代から一九四五年　小学館　二〇一一年　二一七ページ

（15）横浜市編『六大都市人口静態総覧：明治二二至昭和元年』一九二七年　二ページ

国立国会図書館近代デジタルライブラリー　書誌ID　000000781416
(16) 大阪市史編纂所編『大阪市の歴史』創元社　一九九九年　二五八〜二五九ページ
http://kindai.ndl.go.jp/info:ndljp/pid/1280807
(17) 同右書（二七一〜二七二ページ）によると、北の大火は一九〇九年七月三一日午前四時二〇分、北区空心町二丁目のメリヤス販売業者の家から出火した。また、南の大火は一九一二年一月一六日午前一時ごろ、難波新地の風呂屋の煙突の火の粉が近くの建物に燃え移り、約一〇時間燃え続けた。その焼失面積は一〇万坪にのぼり、死者五人、被災家屋も四七七九戸を出した。
(18) 芝村篤樹『日本近代都市の成立——一九二〇・三〇年代の大阪』松籟社　一九九八年　六四ページ
(19) 戸田清子「阪神間モダニズムの形成と地域文化の創造」『地域創造学研究』一九巻四号　二〇〇九年三月　奈良県立大学　五二ページ　http://www.narapu.ac.jp/library.files/report/（二〇一三年一一月二四日アクセス）
(20) 竹村民郎「「阪神間モダニズム」の社会的基調」『阪神間モダニズム再考』竹村民郎著作集・第三巻　三元社　二〇一二年　三三ページ（初出二〇〇八年）
(21) 住吉常盤会編『住吉村誌』一九二八年　二六ページ
国立国会図書館近代デジタルライブラリー　書誌ID　000000756924
http://kindai.ndl.go.jp/info:ndljp/pid/1189974
(22) 前掲「「阪神間モダニズム」の社会的基調」前掲『阪神間モダニズム再考』三三ページ
(23) 芦屋市谷崎潤一郎記念館／財団法人芦屋市文化振興財団「阪神間モダニズム展——ハイカラ趣味と女性文化」資料集　光琳社　一九九七年　八ページ
(24) 前掲「「阪神間モダニズム」の社会的基調」前掲『阪神間モダニズム再考』三三ページ

(25) 阪急電鉄株式会社編・発行『七五年のあゆみ――写真編』一九八二年　一五九ページ
(26) 小林一三『逸翁自叙伝』日本図書センター　一九九七年　一一ページ（初めて海を見た時代）。
逸翁は一三の号。『逸翁自叙伝』には、産業経済新聞社（一九五三年）、阪急電鉄（一九七九年、のちに阪急電鉄総合開発事業本部コミュニケーション事業部　二〇〇〇年）、図書出版社（一九九〇年）、日本図書センター（一九九七年）などの版があり、『小林一三全集』第一巻（ダイヤモンド社　一九六一年）にも収められている。本書はすべて日本図書センター版により、引用個所はページに章タイトルを併記する。
(27) 東洋英和女学院編・発行『東洋英和女学院七十年誌』一九五四年　二一一ページ。小林一三『小林一三日記』第三巻　文芸春秋　一九九一年　七四八ページ（巻末　年譜）
(28) 前掲『逸翁自叙伝』四七ページ（その頃の大阪）
(29) 前掲『小林一三日記』第三巻　七四九ページ（巻末　年譜）
(30) 前掲『逸翁自叙伝』二九ページ（その頃の大阪）
(31) 同右書　六四ページ（その頃の大阪）
(32) 同右書　六七ページ（その頃の大阪）
(33) 前掲『大阪市の歴史』二九五〜二九六ページ
(34) 前掲『逸翁自叙伝』六八ページ（その頃の大阪）
(35) 吉岡三平監修『岡山人名事典』日本文教出版　一九七八年　九ページ
(36) 前掲『逸翁自叙伝』四六ページ（その頃の大阪）
(37) 同右書　四七ページ（その頃の大阪）
(38) 小林一三「宝塚生い立ちの記」『小林一三全集』第二巻　ダイヤモンド社　一九六一年　四四八〜四四九ページ

（39）前掲『逸翁自叙伝』七三ページ（その頃の名古屋）
（40）同右
（41）同右書　九五ページ（その頃の大阪（再び））
（42）同右書　九八〜九九ページ（その頃の大阪（再び））
（43）前掲『小林一三日記』第三巻　七五〇ページ（巻末　年譜）
（44）前掲『逸翁自叙伝』一二〇ページ（その頃の三井銀行）
（45）小林一三『小林一三日記』第一巻　文芸春秋　一九九一年　五三ページ
（46）一三が蒐集したコレクションは、現在、大阪府池田市の逸翁美術館に所蔵されている。
（47）前掲『逸翁自叙伝』一二七〜一二八ページ（その頃の三井銀行）
（48）宇野俊一『日清・日露』日本の歴史・第二六巻　小学館　一九七六年　三三五ページ
（49）前掲『逸翁自叙伝』一五一ページ（大阪町人として）
（50）同右書　一五六ページ（大阪町人として）
（51）前掲『宝塚市史』第三巻　一九三ページ
（52）前掲『逸翁自叙伝』一六二ページ（大阪町人として）
（53）同右書　一六四ページ（大阪町人として）。ちなみに、現在の阪急電鉄の梅田（大阪）─池田間の営業キロ数は一五・九キロである。
（54）原武史「住民とともに地域文化創る」井上亮『熱風の日本史』日本経済新聞出版社　二〇一四年　一五一ページ（初出は日本経済新聞二〇一三年一一月三日　一三面　日曜に考える「熱風の日本史　第一〇回　中流の夢郊外ユートピア（大正）　遠見卓見」）
（55）前掲『逸翁自叙伝』一六四ページ（大阪町人として）

(56) 私設鉄道法は、民営鉄道の敷設・運営に関して規定した法律であり、軌道条例は、公共の運輸営業を目的とする道路に敷設できる鉄道に適用されるものである。
(57) 前掲『宝塚市史』第三巻 一九五ページ
(58) 前掲『逸翁自叙伝』一九一ページ(大阪町人として)
(59) 同右書 二〇三ページ(大阪町人として)
(60) 同右
(61) 前掲『日本近代都市の成立――一九二〇・三〇年代の大阪』六三ページ
(62) 前掲『逸翁自叙伝』二〇八ページ(大阪町人として)
(63) 同右
(64) 落合恵美子『二一世紀家族へ〔第三版〕――家族の戦後体制の見かた・超えかた』有斐閣選書 二〇〇四年 四四〜四五ページ
(65) 木村涼子『〈主婦〉の誕生――婦人雑誌と女性たちの近代』吉川弘文館 二〇一〇年 三三ページ
(66) 前掲『逸翁自叙伝』一九三ページ(大阪町人として)
(67) 前掲『七五年のあゆみ――写真編』二一六ページ
(68) 前掲『逸翁自叙伝』一九五ページ(大阪町人として)
(69) 前掲『二一世紀家族へ〔第三版〕――家族の戦後体制の見かた・超えかた』四五ページ
(70) 前掲『逸翁自叙伝』一九五ページ(大阪町人として)
(71) 前掲『宝塚市史』第三巻 二一三ページ
(72) 同右書 二三七ページ
(73) 樋口清之「文明開化と生活の洋風化」前掲『図説日本文化の歴史』第一一巻・明治 一六二ページ

(74) 今井清一『日本の歴史』第二三巻・大正デモクラシー　中公文庫　一九七四年　二〇〇六年改版　一三ページ
(75) 前掲『宝塚市史』第三巻　一九七ページ
(76) 前掲『宝塚市史』第六巻　二七九ページ
(77) 前掲「宝塚生い立ちの記」前掲『小林一三全集』四四六ページ
(78) 前掲『宝塚市史』第三巻　二六四ページ
(79) 同右
(80) 川崎賢子『宝塚というユートピア』岩波新書　二〇〇五年　一六ページ
(81) 前掲『宝塚市史』第三巻　二六四ページ
(82) 同右書　二五三〜二五四ページ
(83) 前掲『宝塚市史』第六巻　三四四〜三四五ページ
(84) 同右書　二七九〜二八〇ページ
(85) 諒闇とは、天皇が父母の喪に服する期間をいう。
(86) 前掲『宝塚市史』第六巻　二七九ページ
(87) 一九一一年四月一六日開館。回廊様式の建物で、建物の中央部には屋根がない。一九一九年に宝塚に移築され、歌劇場として活躍する。一九二三年焼失。
(88) 前掲『逸翁自叙伝』二一五ページ（大阪町人として）
(89) 前掲『宝塚市史』第三巻　一九七〜一九八ページ
(90) 前掲「宝塚生い立ちの記」前掲『小林一三全集』第二巻　四四七ページ
(91) 同右

(92) 同右
(93) 前掲『宝塚市史』第三巻　二六五ページ
(94) 前掲「宝塚生い立ちの記」前掲『小林一三全集』第二巻　四四九ページ。なお、「雄山艶子」は、山本久美子ほか編『虹の橋　渡りつづけて——宝塚歌劇一〇〇年史』人物編　阪急コミュニケーションズ　二〇一四年　六ページ、では「雄嶋艶子」としている。
(95) 「宝塚音楽学校：清く正しく美しく一世紀…出身女優集い式典」毎日新聞（二〇一三年七月一八日〇時五四分アクセス、最終更新は同日一時三分、http://mainichi.jp/select/news/20130718k0000m040122000c.html）には、「一〇〇年後の二〇一三年七月一七日、宝塚音楽学校一〇〇周年記念式典が、宝塚大劇場で行われた。これまで四四〇〇人の卒業生を送り出し、当日は二三〇〇人が出席」とあった。
(96) 前掲「宝塚生い立ちの記」前掲『小林一三全集』第二巻　四五〇〜四五一ページ
(97) 前掲『日本の歴史』第二三巻・大正デモクラシー　一三一〜一三二ページ
(98) 前掲『逸翁自叙伝』二三五ページ（大阪町人として）
(99) 同右書　二三六ページ（大阪町人として）
(100) 北村季晴著『オトギ歌劇ドンブラコ：桃太郎』共益商社書店刊　一九一二年
国立国会図書館近代デジタルライブラリー　書誌ID　000000490304
(101) キングインターナショナル　北村季晴：おとぎ歌劇「ドンブラコ」（全曲）
http://www.kinginternational.co.jp/contents/2009/09/post_227.html（二〇一三年一二月一一日アクセス）
(102) 川崎賢子『宝塚　消費社会のスペクタクル』講談社　一九九九年　二〇ページ
(103) 前掲『日本の歴史』第二三巻・大正デモクラシー　九五ページ
(104) 大笹吉雄『日本現代演劇史』大正・昭和初期篇　白水社　一九八六年　一〇四ページ。前掲『小林一三日

記』第三巻　七五四ページ（巻末　年譜）
(105) 前掲『宝塚市史』第六巻　二七九ページ
(106) 毎日新聞東京社会事業団　http://www.mainichi.co.jp/shakaijigyo/shoukai.html
(107) 前掲「宝塚生い立ちの記」前掲『小林一三全集』第二巻　四五四ページ
(108) 前掲『日本現代演劇史』大正・昭和初期篇　一〇五ページ
(109) 宝塚少女歌劇団編・発行『宝塚少女歌劇廿年史』一九三三年　一〇ページ
国立国会図書館近代デジタルライブラリー　書誌ID　000000762217
http://kindai.ndl.go.jp/info:ndljp/pid/1234678
(110) 前掲『日本現代演劇史』大正・昭和初期篇　一〇五ページ
(111) 鹿野政直『日本の歴史』第二七巻・大正デモクラシー　小学館　一九七六年　二〇六〜二〇七ページ
(112) 前掲「宝塚生い立ちの記」前掲『小林一三全集』第二巻　四五四ページ
(113) 小林一三『歌劇十曲』宝塚少女歌劇団　一九二三年　三〇ページ
国立国会図書館近代デジタルライブラリー　書誌ID　000000563244
http://kindai.ndl.go.jp/info:ndljp/pid/1088260
(114) 渡辺裕『宝塚歌劇の変容と日本近代』新書館　一九九九年　一九五ページ
(115) 久松一聲『宝塚歌劇集』宝塚少女歌劇団　一九二四年　一三九ページ
国立国会図書館近代デジタルライブラリー　書誌ID 000000574796
http://kindai.ndl.go.jp/info:ndljp/pid/959482
(116) 権藤芳一「歌舞伎の改良と壮士劇」前掲『図説日本文化の歴史』第一一巻・明治　一八一ページ
(117) 宝塚歌劇団編・発行『すみれ花歳月を重ねて――宝塚歌劇九〇年史』二〇〇四年　二六一ページ

(118) 前掲『小林一三日記』第三巻　七七一ページ（巻末　年譜）

(119) 小林一三翁追想録編纂委員会編・発行『小林一三翁の追想』一九六一年　口絵写真に「Ichizo Kobayashi, Ex-Cabinet Minister, Founder of Girls' Opera in Japan, Dies」とある。

(120) 前掲「宝塚生い立ちの記」前掲『小林一三全集』第二巻　四四八ページ

(121) 小林一三「宝塚漫筆」まえがき　前掲『小林一三全集』第二巻　四四三ページ

(122) 前掲『小林一三日記』第三巻　七四一ページ

第二章　少女だけの歌劇

第一節　雑誌『歌劇』の創刊

一九一八年八月一五日、宝塚少女歌劇の機関誌『歌劇』が創刊された。巻頭に力強く宣言された「反響に省みて」と題する創刊言の全文を、ここに引用する。

反響に省みて

◉独り宝塚少女歌劇と云はず、歌劇其物が、頗る世人の注意を引くやうになつた、そこで、歌劇の前途は如何、我等の進むべき行路は如何、といふやうな実際問題に遭遇すべき機運が、日一日と迫つて来るやうに思はれる、只だ成行にまかせて、其日暮に、過去の夢を繰返し繰返し、安閑と呑気にしてゐる訳にはゆかない。

◉我等は斯道先輩諸君の教訓と指導とを受けたい、大方同情者の警告と鞭韃とを受けたい、そうして、此種の反響に省みて、我等の進むべき路に横はれる危険を避けたい、やゝもすれば踏みあやまるべき暗雲をひらいて、光明をたどりたい。

◉此間に処する本誌の目的は、努めて之を公開し共同の力によつて其美しき歴史を汚さないやうに、宝塚少女歌劇を発達せしめたい、若し宝塚少女歌劇の存在が、意義あるものとせば、我等の希望は、時代の犠牲者たるべき、先駆者として、当然考慮すべき必須条件と信ずるのである。

表題にある「反響」とは、宝塚少女歌劇が、初めて東京の帝国劇場で行った公演に対するもので、それを振り返っての反省が述べられている。帝国劇場は、オペラの上演を目的に本格的な純洋風大劇場として一九一一年に開場した劇場である。(1) 宝塚少女歌劇の第一回帝劇公演は、一九一八年五月二六日から三〇日まで五日間にわたって開催された。この公演は、演劇雑誌『新演芸』や、女性雑誌『新家庭』を出版していた玄文社の結城礼一郎の仲介により、実現したものである。(2)

帝劇公演を終え、次第に歌劇に注目が集まるなか、いつまでも成り行きに任せるわけにはいかず、いずれ方針を定めなければならない。「教訓と指導とを受けたい」「警告と鞭韃とを受けたい」という文言から、宝塚少女歌劇が、今後発展していくためにはどのようにすればよいのか、広く忌憚のない意見を求めるために、『歌劇』が創刊されたことがわかる。また、「時代の犠牲者たるべき、先駆者として」宝塚少女歌劇が、この時代の文化を担っていくのだとする強い意欲と姿勢も感じられよう。

このような力強い宣言の裏には、小さな湯の町に生まれた少女歌劇が、日本の中心地である東京で帝劇公演を成功させたという自負があった。

振付師である楳茂都陸平《うめもとりくへい》の(3)「東京見学旅行記」(①一八・八)によれば、五月二三日には、帝国劇場で各学校長・音楽家・文士・各新聞社長、その他市内のあらゆる方面から千数百人を招待して、本番の公演に先立ち試演会を開いた。演目は《三人猟師》と《ゴザムの市民》で、宝塚少女歌劇を東京で各界の人々にお披露目したことになる。二五日には、少女歌劇が毛利公爵邸で行われた大日本婦人教育会に出張して、《雛祭》を上演する。帝劇公演は、《三人猟師》《ゴザムの市民》《雛祭》の三本に、《コサックの出陣》《羅浮仙》《下界》《桜大名》を加えて行われた。千秋楽には、星製薬会社や鐘淵紡績会社などから、出張公演を依頼されることもあった。さらには、最終日の観客席は帝劇創立以来の入りであると、その盛況ぶりを伝えた。

楳茂都は、東京遠征中に坪内逍遥を訪問し、逍遥の「総てに余裕のある関西に於て斯かる理想に近い新芸術の表現したのを嬉しく思ふ」という言葉が、耳に残ったとも記している。

創刊号には、ほかにも帝劇公演に対する各界からの反応が寄せられたので、いくつか紹介しよう。画家の水島爾保布《みずしまにおう》が寄稿した「概感だけ」では、宝塚少女歌劇は女学校の学芸会を見ているようだが、保護者とも異なる立場であるから気楽に応援できると観客の目線で述べ、少女たちが心の底から舞台を楽しんでいる様子に、好感を抱いていることが読み取れる。

日本の音楽学の草分け的存在であり、西洋音楽についても多数の著書を残した田辺尚雄(4)の「日本歌劇の曙光——としての宝塚少女歌劇の前途……浪花踊を悲観す……」は、少女歌劇の最大の成功の要因を、演じる少女たちが、東京の女優と異なり、虚栄心や頽廃的気分がなく、実に温かき一家の家庭であること、と分析する。家庭は、少女歌劇を語るキーワードの一つである。田辺は、女優の有り様を嫌悪して、少女歌劇がもつ家庭的な雰囲気を評価し、清浄無垢を失わないことを切望するのである。

ショパンやベートーヴェン関連の翻訳がある鈴木賢之進の「傾聴すべき真面目の批評——帝劇に於ける宝塚の歌劇を観て」は、「此の宝塚の歌劇団なども可愛相に小山内薫氏のやうな不解屋に其の紹介を依頼しなければならない」と、小山内薫への批判から始まる。小山内は、一九〇九年に市川左団次と自由劇場を結成し、一九二四年には、土方与志と築地小劇場を結成した人物である。

鈴木は、批判の理由として、「私には音楽は解りません」という小山内の発言を聞いたことを挙げているが、この発言が、作曲家山田耕筰の渡米の壮行会の席上でなされたものであることを考えれば、小山内にとっては、山田への挨拶にすぎなかったかもしれない。だが、鈴木は小山内のことを、商売上の広告となりえても、少女歌劇の芸術の本質を向上させる点においては、価値のない人間だとまでいう。小山内を貶めることで、自分の論の正当性を主張したのだといえよう。

小山内が、時事新報に掲載した「日本歌劇の曙光」の中で、「少女歌劇その者《(ママ)》の発達が日本将来のオペラだと言つたら言ひ過ぎもしませうが、兎に角かういふ物から本当の日本歌劇が生れて来るのではないかと思ひます」(5)と述べたことに対し、鈴木は下劣なお世辞だとして、何年かのちに宝塚から日本の国民歌劇が出たとしても、現在の方法では根本的に真正芸術となることは不可能であると断言する。宝塚の特長である日本舞踊と琴唄調の旋律に将来拡張する余地はなく、少女歌劇に日本の舞踊や音楽を取り入れる前に、当局者はその価値を吟味する必要性があると力説し、鈴木は、「時代の要求に応ずると云ふ事は決して時代の群盲の快感を充たすことではない」と語る。

これらの意見も含めて、創刊号では、宝塚少女歌劇から日本の歌劇が生まれるか否かということをテーマに、誌面が構成されていた。このことは、『歌劇』がたんに宝塚少女歌劇を賛美する雑誌ではなく、少女歌劇について率直に意見を述べ、熱く議論を交わす場たらんとしていること、つまり、巻頭の「反響に省みて」で唱えた態度で編集したものといえよう。

宝塚少女歌劇の第一回帝劇公演の成功は、演目の選択に、帝劇の失敗を活かしたことも一因であった。オペラの上演を目指す帝劇こと帝国劇場は、開場の翌年、一九一二年八月にイタリアから、世界的な舞踊家の弟子であるローシーという人物を招いた。五年契約を結んだものの、オペラのヒットにはつながらず、その契約が更新されることはなかった(6)。ローシーの契約満了を機に一九一七年六月には帝劇洋劇部も解散している。その後、ローシーは、赤坂のローヤル館で、のちに日本人で初めてミラノのスカラ座の専属にもなったソプラノ歌手原信子などを集めて、オペラを上演するも成功することはなかった。オペラの直輸入の失敗を教訓に、これ以後、日本では直輸入するのではなく、民衆に受け入れられるオペラの形が試みられた。

宝塚少女歌劇も、歌劇《オペラ》という言葉を使いながらも、まずは観客に受け入れられるものを優先していく。少女歌劇の成功は、少女だけの歌劇という話題性のみによらず、《三人猟師》や《雛祭》といった、日本物に西洋の音楽を融合する和洋折衷の作品を上演したからこそでもあり、直訳的なオペラの失敗の教訓が十分に活かされたといえる。

一三は、時流を読むことに長けた実業家であった。創刊号に掲載された「日本歌劇の第一歩」では、宝塚少女歌劇は頗る未熟ではあるが、「時代の要求であり、其必要品」と述べている。一三によれば、子どもたちは、学校教育の場で西洋音楽の素養はあるが、社会に出て音楽的芸術を求めると、長唄・常磐津・清元・浄瑠璃など、親しみのないものばかりである。そのような音楽上の学校教育と実社会の没交渉という欠陥を補うために、洋楽や唱歌を基礎とした芸術の創生を志して、宝塚少女歌劇は生まれた。西洋の音楽に容易に親しみ共鳴できる歌劇をつくり、また西洋のダンスと日本の踊りの組み合わせという和洋折衷路線を敷くからこそ、帝劇でも喜ばれているとまとめた。

この和洋折衷路線は、新聞紙上でも評価された。創刊号で「独唱？　合唱？——帝劇公演に於ける各方面の批評」のページを設けて、新聞各紙の劇評を掲げたなかに、次の記事がある。

●能狂言芝居踊ダンスを縫ひ合せて造つた日本風の歌劇に一番興味を認められる。（都新聞）

●先づ驚いたのは、踊の様式が全く日本の踊に基いたもので所々西洋のダンスが加味されてゐることでした。音楽は西洋のメロデイが主になつて所々日本のメロデイが入つてゐますから、日本の踊りが間延びせずにテキパキと舞台の上で活躍し、よく訓練もされてゐると見えて、新らしいキビキビした形の美が愉快です。（読売新聞）

創刊号は、あわせて宝塚少女歌劇が、「直訳的ハイカラを漸次に旨く脱却して来ただけでも、少女歌劇は自分の拓いた地面を持つて居ると言つてよい」(「宝塚パラダイスより――夏季公演のうはさ」)という夏期公演の劇評も掲載している。

一三が、あえて自身の論稿のタイトルに、「日本歌劇」という言葉を使ったのは、先述の帝劇で失敗した直訳的なオペラと区別するためでもあり、自身のこだわりでもあった。オペラという名にとらわれず、「維持し安きもの、存在し得るものといふ経済上の方針もありまして、結局十四五歳の少女の一団隊《ママ》を集めて」、宝塚少女歌劇養成会を組織したと述べている。生まれた芸術も短期間に消えてしまっては意味がない。経営の観点からすると、和洋折衷路線に加えて、演じるのが少女であるということも、存続の鍵となっていくのである。

一九一八年は、シベリア出兵、米騒動、原敬内閣成立、武者小路実篤の「新しき村」創設、吉野作造・福田徳三らによる黎明会結成の年であって、台頭する民衆に国家が対応しはじめた、日本の近代史を語る上で一つの節目となる年でもある。(7) 社会の情況を鑑みながら、少女らによる日本歌劇の前途を模索する一三は、『歌劇』でも、その趣旨に沿った論稿を積極的に採用した。『歌劇』は、それまでとりたてて観客に発信することはなかった経営者の意図を伝えるのと同時に、観客の側の反応をも可視化する役割を担うこととなる。およそ少女歌劇の機関誌とは思えないほど硬い文章が並び、少女歌劇の前途をめぐり、男たちが熱い議論を繰り広げた。民衆運動が高揚する一方で、そうした運動には関わらず少女歌劇を観るために集まる人々も、ささやかながら、自らの言論の場を

表4　「高声低声」の推移　その1

号	発行日	本文ページ数	「高声低声」ページ数	本文ページに占める「高声低声」の割合	「高声低声」投稿数
1	1918年8月15日	51	2	3.9%	6
2	1918年11月3日	51	8	15.7%	11
3	1919年1月1日	39	4	10.3%	14
4	1919年4月17日	49	9	18.4%	17
5	1919年8月1日	55	6	10.9%	15
6	1919年11月1日	45	6	13.3%	20
7	1920年1月1日	55	13	23.6%	22
8	1920年3月20日	63	29	46.0%	34
9	1920年6月16日	77	34	44.2%	44
10	1920年8月22日	89	22	24.7%	30
11	1920年11月27日	69	25	36.2%	29
12	1921年1月1日	86	28	32.6%	41
13	1921年3月1日	98	46	46.9%	63
14	1921年4月1日	77	28	36.4%	57

そこに確保した。民衆の時代は、このような場所にも及んでいたのであり、それが、読者投稿欄の盛り上がりを生んだ。

『歌劇』には、創刊時から現在まで続く、読者の投稿欄「高声低声」がある。これは、創刊当初に編集主幹を務めた一三の思いが強く現れたコーナーでもあった。「高声低声」のタイトルの周辺に、必ず「投書歓迎」とあるのもたんなる見出しのデザインではあるまい。「数年来聞厭きたお世辞よりも悪い方面のお話を聞くのが楽みであつて、そこに我等の進むべき途が啓かれる」（小林一三[1]一八・八）という、一三の率直な希望を形にしたものであろう。

創刊号の「高声低声」の内容は、少女歌劇の脚本が物足りないので恋愛要素がほしい、男声コーラスがほしい、特定の生徒の台詞の言い方を改善してほしい、といった要望などであった。表4に明らかなように、当初は読者も少ないので、当然ながら投稿数も少ないが、号を重ねると投稿も増え、全体に占める割合も増加していく。ごく初期の『歌劇』は不定期刊行で、投稿の受付期間にばらつきがあることなども考慮せねばならないが、一九二一年三月の第一三号においては、全体の約四七パーセントと、誌面のほぼ半分を「高声低声」が占めるほどになった。号を重ねるごとに存在感を増した「高声低声」に対しては、「単に面白いばかりでなくもつともつと意義のあるもので即ち此の雑誌の全生命ではないか」（九―四―廿三―S―、9二〇・六）という意見も聞かれ、読者側の意識も高い。

「高声低声」の投稿は基本的にはペンネームを用いるので、投稿者の性別や年齢もはっきりしない。ましてや、どのような職業に就いているかなど不明である。本書では、その文体や内容から人物像を判断し、投稿を検討していくこととする。男性が女性のように文体を偽っていることも考えられるし、その逆もあり得る。もしそうであれば、そうせざるを得なかった時代状況を反映しているともいえよう。読者にとっては、匿名であるがゆえに、思っていることが言いやすく、活発な議論を引き出すことに成功したとも考えられるのである。

また、「高声低声」でファン同士が共感し合うこともあった。身近に同じ感覚を共有できるものがいない者にとっては、『歌劇』が、少女歌劇愛好者の一種の共同体をイメージさせ、自身もそこに帰属するかのような、心の拠り所となったことであろう。特定の生徒への愛を語る投稿に刺激され、新たにお気に入りの生徒ができることもあったかもしれない。『歌劇』、とくに「高声低声」は、つながる術をもたなかった個々のファンを組織化することに、大きな役割を果たしたのではなかろうか。

さて、雑誌の顔となる表紙を飾るのは、男たちの言論の場であった中身とは対照的な、ほぼすべてが少女もしくは花であった（一五四～一五五ページ、表8参照）。初期の表紙の作者は、森田久という人物だ。「高声低声」には、宝塚の少女たちを、花にたとえる投稿もあり、[8]少女と花は近い関係にあった。

少女と花を結びつけるのは、吉屋信子の『花物語』でも知られた手法である。『花物語』は一九一六年に連載を開始した短編読みきりの少女小説で、そのほとんどが女学生を主人公としており、各編を花に托してある。「高声低声」には、吉屋が描いた少女に寄せる思いの強さと、同質のものを感じさせる投稿もある。たとえば、「浪子様の真面目な中にあふるゝばかりの表情とあのしなやかな姿とはあくまでも無邪気に快活な松子様と共に私どもの憧憬の的」（となみ②一八・一一）という投稿には、あどけない少女たちへの憧れが垣間見える。さらに、少女歌劇の歌詞、曲調、所作などに、「少年ローマンスを偲ばしめた事」（伯耆三朝ラジウム温泉場加藤嘉寿⑥一九・一一）を感じるとしたら、少女たちの姿が、少年や少女のころに抱いた少女への憧れに結びつき、「なつかしさ」を呼び起こすのではないだろうか。

一見すると、少女歌劇は受け入れられたようにみえるが、宝塚の観劇を禁止する趣旨の某中学校校長の以下の談話が、堂々と『歌劇』創刊号（一八・八）誌上に掲載されていることは特筆すべきであろう。

中学校生徒に宝塚少女歌劇を見物する事を厳禁したのは事実です。大分問題になつて居る様ですが教育家としては実に止むを得ぬのです。(略)歌劇は面白い、如何にも家庭本位であつて、清新なる芸術と感謝して居ります。(略)見物をしても決して害はないと信じて居りますから、家内も娘も時々見物に行くけれど私は少しもとめやうとは思つて居ない、今の女小供には是以上に見せるものは無いと思つて居る、即ち家庭に於ける私一個人の考へは以上の如しであるとしても中学校長としての私の立場はそうはゆかない。

(「宝塚少女歌劇見物禁止に就て」)

宝塚少女歌劇の観劇を、公人としては禁止するが、私人としては容認する。一人の人間が、公私の間で揺れるのは、大正デモクラシー期の人々の特性の一つであろう。宝塚少女歌劇は、あくまで家庭本位をモットーとすると認めながらも、続けて、「磁石が物を吸付けるやうに喰ひついて、程度を越えて熱狂するにきまつてゐる」、「余りに共鳴し過ぎて学校内の空気を歌劇化せしむる恐れがあるのは一番困る」と禁止の理由を述べる。「学校内の空気を歌劇化」するとは、校内に宝塚少女歌劇の気分が持ち込まれることを意味するのではないかと推測される。この校長だけでなく、芝居や芸者見物に行くことは、学校はけして賞めはしないが、歌劇に対するほど、厳格な禁止令を発布していないという投稿(A.M.生⑨二〇・六)もあるように、少女歌劇は芝居とも異なる扱いをされていた。では、なぜそこまで少女歌劇の気分が校内に持ち込まれることを怖れたのか。

明治政府は、上からの近代化を推し進める際、違式詿違《かいい》条例を出して混浴や裸体通行を禁止する一方、あるべき近代的男女像の提示につとめた。[9] 近代的男女像をつくり出すため、政府は手初めに天皇の男性化を行い、天皇を男らしい存在の象徴と位置づけ、御真影を通してそのイメージを広めていった。

ところが、宝塚少女歌劇では、少女が男を演じるのである。しかも、男を演じる生徒が中心となり、彼女たちが少女たちの憧れの的となっていく。「ほんとに女らしい人は少ないと思ふね、第一、団の中心とも謂ふべき人達は皆男役だもの」（豊中山正生[8]二〇・三）といわれるまでになった。実際に、観客がある生徒に対して、「男らしい女と云ふよりも女らしくない男の様な感じ」（失名生[12]二一・二）を覚えると述べているように、男と女の間にある性差を無意識のうちにすり抜けてしまう可能性をはらんでいた。少女が男を演じることは、国家がつくり上げたジェンダー規範を崩すことを予感したからこそ、校長としては観劇を禁止したのではないかと考えられる。その一方、家庭においては、家父長たる自分の目が届く範囲で観劇するのであれば、問題ないということなのではないだろうか。

男たちにとり、女が男になるのは、身体面の難しさより深い問題があった。

　女が男になつて居る芝居を見ると妙に窮屈な気持ちを覚えるのも事実です。お伽劇式に頭は一切おさげにして、少女たることを現して置く事もいゝでせふ。頭へなにかかむる事もいゝでせふ。然し乍ら、それ以上に男形を得ると云ふ事を忘れてはなりません。私共が女が男に扮せるのを見て何故妙に窮屈さを覚えるのでせふか。左様、それは男になりきれない不自然な男を見るからです。

（孔雀小路夢彦「男形の話」⑬二一・三）

頭をお下げにして少女であることを示すことを提案する裏には、少女たちが男装することで、男に近づくことへの恐れがあるのではないだろうか。「妙に窮屈」な気持ちとは、倒錯を感じるばかりでなく、女が芝居することに加えて男を演じることで、男の立場が狭くなるという意味も込められているものと思われる。

女が男を演じるという、それだけでジェンダー規範を侵す可能性があるにもかかわらず、さらにその男役に人気が出ることは、政府から危険視されかねないことであった。女学校では、宝塚の噂でもちきり（折風鐘子⑨二〇・六）、三度の御飯より宝塚（桃園春子⑫二一・二）、白髪のお婆さんになっても宝塚（京都にて　無名草⑪二〇・一二）といった具合に、少女たちは、少女歌劇に熱狂していた。少女歌劇の観劇を禁止するのは、女が男を演じるということ以外にも、このように少女たちが少女に熱狂することへの心配もあったように思われる。『花物語』の世界を現実に移すような少女たちの強い絆、女性同士の同性愛を意味するエスを、忌み嫌う風潮もあったのではないかと考えられるのである。

第二節　宝塚音楽歌劇学校の設立

五年にわたり活動してきた宝塚少女歌劇養成会は一九一九年一月六日に解散し、宝塚音楽歌劇学校が設立された。その開校が前年末の一二月二八日に文部省に認可され、直後に刊行された『歌劇』第三号（一九・一）の「高声低声」には、音楽学校という組織の成立に反対する意見が並んだ。

●官僚《ママ》の規則的な、意気のない生命《ライフ》のない、頑迷な範囲内に自から好んで道入らうとする歌劇団の当局者の常識を疑ひます、（略）若し宝塚の少女歌劇が学校になつて、新時代の空気に接触し得ない俗吏の干渉を受くる時は、即ち歌劇団の寂滅する時である、（太田一郎）

●宝塚は農村であるのに学校組織になつて生徒が沢山に増加し華美な空気が侵入すると純朴なる善良なる田舎の風俗を害するから困る。（神戸又新生）

国家を相対化し、民衆が立ち上がった大正デモクラシーの時代にあって、国家の介入を厭がる意見は、投稿者太田一郎に限るものではないだろう。音楽歌劇学校の設立をよく思っていないのは、兵庫県当局も同様だった。神戸又新生の投稿は、少女歌劇が学校組織化して、村の風紀を乱すのは困るという県当局の危惧を伝えた。立場によりそれぞれの理由で、少女歌劇が学校組織化することをよしとしない意見が少なからずあったようだ。それでも宝塚少女歌劇が学校組織に踏み出したのは、少女だけの歌劇として生きていくために行った選択でもあった。この節では宝塚音楽歌劇学校設立の意義を考えてみる。

「宝塚音楽歌劇学校の設立」（④一九・四）は、その開校の目的を「吾国の新国民たる青年子女の趣味の向上に、清新なる家庭音楽の勃興に資せんが為め」と説明して、「生徒の技芸の向上に熱心なる指導を与ふると同時に、其の品性の陶冶に厳格なる留意をなせる事」を特色としていた。「品性の陶冶」からまず連想されるのは、男は外、女は内といった近代的な性別分業を前提として成り立つ「良妻賢母」主義であり、近代国家に貢献する女性の養成を目標とすることを打ち出そうとしたのではないか。学校の内容については、以下のような記述がある。

> 学科を予科一年、本科一年、研究科に分ち、予科に於て一般音楽に関する学科を教授し、本科に於て稍専門的に音楽、歌劇に関する学科を修得せしめ、研究科は専ら其専修科目を研究せしむべく別に年限を限定せず。

具体的には、入学資格は小学校卒業以上一九歳以下で、学費は不要で手当が支給された。[10] 予科

（唱歌・楽器・和洋舞踊・音楽理論・修身・国語または英語）一年、本科（声楽・楽器・楽理・和洋舞踊・対話朗読法・ジェスチャー・脚本・修身・歌劇実習・国語または英語または裁縫）一年で卒業となる。卒業生である少女たちは、年限の定めのない研究科の生徒として宝塚少女歌劇団の舞台に立つ。こうして、現在に至るまで宝塚歌劇の団員は、生徒と呼ばれているのである。

舞台に立つ生徒の技芸の向上という学校設立の趣旨も当然あったのだろうが、少女たちに修身や国語など一般の学校教育をも施すことで、ジェンダー秩序を乱す危険な存在という世間の攻撃を回避する方策であったのではなかろうか。学校組織であることは、少女たちを好奇の目から守り、少女の清新なイメージを保持する上で有効であった。『歌劇』読者からも、養成会の学校組織への変更は、女優と同一視されるのを避け、社会から誤解を受けないための防備ではないか（ＴＨ生5一九・八）という認識が示され、それは、当時蔑視されていた女優との差別化をはかるためでもあったと考えられる。

『歌劇』には、将校マントを得意気に着るのが女優臭くて厭だ（弓子3一九・一）といったり、女優を芸娼婦的だと非難（神戸山崎芳男5一九・八）したり、媚びることとしか知らぬ女優となることに反対する（豊中山正生9二〇・六）といった、女優を嫌悪する意見は多い。少女たちが舞台で激しく踊って中が見えては困るので、首の部分が開いた衣裳を着る際は、下へシャツを着るなどの対策（ＫＹ生7二〇・一）も提案されるなど、清らかさへの配慮は徹底していた。「宝塚の歌劇を賞めるのは全々《ママ》女優気質のない処に妙味があると思ふ。又歌劇学校の生徒の演ずるものとして見る価値があると思ふ」（⑫二一・一）という無記名の投稿者は、続けて、「もしも今浅草辺の様な濃厚な女がバタバタする様な事にでもなれば僕はすぐ嫌になつてしまはう」とまで述べた。

この「浅草」とは浅草オペラのことであり、『歌劇』の読者は、浅草という言葉をおおむね否定的な意味で使った。このころ増えていた野次に関する苦情でも浅草が引き合いに出された。浅草では女優の名を呼んだり、野次ったりするそうだが、安価速成の女優の観客としてはよいが、宝塚は違う（東天下茶屋　杢太郎生⑦二〇・二）とか、我が純真なる宝塚の少女歌劇もだんだん浅草化していくのではないか（勿忘草⑬二一・三）と案ずる。実際に浅草オペラを観た者も、宝塚で浅草式といわれた作品でさえ浅草ほど堕落していない（大阪ＴＯ生記⑬二一・三）といった意見を寄せた。宝塚を純真で上品なものとし、浅草を低俗なものとみなす傾向は、『歌劇』誌上で顕著だった。

元々芸人を貶める風潮もあり、嫌悪の対象は浅草にとどまらなかった。一九一三年、松井須磨子がカチューシャを演じた《復活》が大成功を収めたあと、主題歌「カチューシャの唄」がヒットすると、芸術座では劇中歌を入れる方針が採られた。しかし、このことは、新劇を大衆に近づける一方で卑俗化を招き、須磨子の演技に、観客への媚びが際立つようになった。[11]『歌劇』には、「芸といふものは少し評判がよくなると、大向に媚るやうな不自然な仕掛が現はれて来る。調子に乗り過ぎてイヤ味が出てくる、そうなるとどうしても下卑てくる」（医大生⑨二〇・六）とする投稿があったが、こうした一般論も女優として確固たる地位を獲得した須磨子の影響は免れない。一九一九年、須磨子がスペイン風邪で亡くなった島村抱月を追って自死したことも、女優のイメージを清新なイメージから遠ざけた。これらの出来事もあって、女優は嫌厭された。少女歌劇では、とくに女優との差異が強調され、女優と対照的な清新さを前面に打ち出そうとしたことは明白だ。宝塚の「生徒」の呼称にも意味があった。

宝塚の歌劇部では、あの豪華絢爛なるレヴュウの舞台へ出演する女優たちを、歌劇学校の女生徒と看做して、決して「女優」とは呼んでゐない。だからスタアでもワンサガールでも皆等しなみに「生徒」なのである。[12]

これは、谷崎潤一郎が一九三二年に執筆した「私の見た大阪及び大阪人」の一節である。東京出身で浅草オペラファンであった谷崎は、同じ文章で少女歌劇独特の雰囲気を、「大阪式のイヤ味」としながら、一九二七年の《モン・パリ》上演以後は、レヴューが変わる度に劇場に足を運び[13]、贔屓《ひいき》の生徒もできた。その谷崎が宝塚の出演者が、女優ではなく、あくまでも生徒として扱われることに言及したのは、宝塚にとり意味深いと考えたからであろう。

そもそも女が自立して働くことへの抵抗感が根底にあり、家長が絶対的な力をもつ家族制度を是とした支配層にとっては、女優ばかりでなく、女が就職することは卑しいことであった。女性の独立に拒絶感の強い時代における、あるべき女性の姿は『歌劇』からも浮かび上がってくる。歌劇団の各教室の掃除が行き届いてないことなどを指摘し、「人として女として肝心の品性の教養に怠つて」いるのは、学校組織の看板を少なからず裏切るものではないかと批判が出る（大野広太郎「これ果して学校組織か」③一九・一）。ほかにも「歌劇の女生徒三四人がポリポリと立喰をしてゐるのを見てお行儀のわるいのに驚いた」（M．O．③一九・一）と、生徒のマナーの悪さが問題にされた。

音楽歌劇学校設置の趣意書にもあった「品性」には、近代国家を支える男性たちの男らしさを際立たせるために女子に求められた、おしとやかさが含まれているといえよう。たんに「人として」だけでなく、「女として」と続くことからも、宝塚音楽歌劇学校の目的の一つに、近代国家に貢献する女性を育成することがあったと考えられる。

一般に江戸時代には、夫や舅姑に対して従順な妻や嫁が求められていたが、明治以降、それが、国家の近代化に従事する男たちを家庭で支え、次世代を育てる女性像へと変化していく。そして第一次世界大戦を契機として、女性の能力やエネルギーを、うまく国家に組み込んでいこうという動きが生まれた。活動的で積極的な女性像を認める一方で、従来の性別役割分業を温存しつつ、女性が男性化することは避けられた[14]。少女歌劇も、これに対応しなければならない。

その時代に存在するすべてのものは、その時代の状況に縛られず存在することはできない。音楽学校は、少女歌劇の人気が高まるにつれ、あるべき女性像のモデルを提示する組織ともなる可能性を含んでいたからこそ、社会への影響力が考慮され、品性の教養が要求されたのであろう。観客の少女に及ぼす悪影響を懸念して、生徒が舞台上で煙草を吸うことや、飲酒シーンへの苦情（神戸青山生⑥一九・一一、宮川晴好⑩二〇・八）が寄せられた。

舞台で輝く女性の姿は、女性のエネルギーを感じさせるものであったろう。しかしながら、女性が男性と同じように、職業として舞台に立つことは避けるべきであるから、学校の生徒であることが必要であった。少女歌劇は、「学校の修身課《(ママ)》にてはなけれども、こゝに何か社会奉仕の使命のある可きが今後の消長に大なる関係ありと存じ候」(宮川晴好[10]二〇・八)と、社会的使命を課せられる存在になっていた。

第三節　宝塚情緒

少女歌劇は年々公演日数も増え、一九一八年には一九一四年の約二倍もの人が一日に来場するまでに成長していた。歌劇の方が主でお風呂はどちらでもよい(まさ子[9]二〇・六)という人もいて、次第に温泉よりも歌劇を目当てに客が集まるようになった。人気が高まるにつれて、パラダイス劇場では手狭になり、廃園した箕面動物園内の公会堂を移転改築して、一九一九年三月に公会堂劇場が完成した。公会堂劇場は、パラダイス劇場の三倍の一五〇〇名を収容し[15]、中央土間の立ち見席は従来のまま無料であったが、一階左右と二階の一部が椅子席で、二〇銭の有料席となる[16]。次に紹介するのは、有料になったあとの、「高声低声」に掲載された新中間層のある一日である。

毎日曜日には早朝から宝塚に出掛けて湯風呂に飛込んで、それから図書室で新刊書籍と雑誌をウントコサ読んで、トンカツにライスカレーの昼飯、予約席で歌劇を見て、夜食も大概は食堂ですまして帰るのが僕の日科《ママ》であつた　（阪急生⑫二一・二）

一三が提唱した郊外生活を実践して、休日に余暇を楽しむ新中間層の生活の典型であるように思われる。阪急生なる人物は、一ヶ月の家計も公開した。八〇円の月給に対し、出費は、下宿料三〇円、定期パス五円、宝塚行電車賃×五回で一円六〇銭、入浴料二〇銭、歌劇場予約席三〇銭、昼夜食堂費×五回で八円五〇銭、梅田食堂一五円の合計六〇円一〇《ママ》銭である。実に給料の約三割を宝塚関連の経費に費やしている。最後には、「僕は阪急電鉄会社の為めに、エンサカホイと働いて居る結果に過ない」と自虐的に述べ、歌劇くらい優待してくれないかと落ちをつけた。

温泉の余興として無料であった少女歌劇が、一部にせよ有料になるということは、少女歌劇史上の大きな転換点といえる。無邪気な少女が売りであった少女歌劇が、女優に近づく危険性をはらむからである。

少女歌劇の前途に関する議論が『歌劇』誌上でも熱を帯び、このころの

表5　少女歌劇の観客動員実績

	開演日数	入場人員	一日平均入場人員
1914年	169	191115	1131
1915年	195	258865	1328
1916年	192	299876	1562
1917年	196	363335	1854
1918年	201	427423	2126

（『歌劇』第5号　4ページより作成）

テーマの一つは男優の採用である。一三が男優加入の考えをみせた（小林生「生徒の前途はどうなりますかといふ質問に対して」③一九・一）のに対して、読者の抵抗感は強いものがあった。

●男優が加入することはほんとですか？　万一ほんとなれば全く悲観する人が多いでせう。（北浜二、ＴＮ子④一九・四）

●男子役としての末子様をステージ上にみる事が一番楽しふ御座ります。（美つる④一九・四）

●純なる少女ばかりに依つて、組織されたる一団なればこそである。（ＴＨ生⑤一九・八）

●男優が加入すると折角多年の間完美した形式が破壊されはせんでせうか。（略）小生はいつ迄も此歌劇団を純な少女のみの歌劇団として置きたいと思ひます。（葉目生⑤一九・八）

少女が演じる男子役を好んでいる美つるをはじめ、あくまでも男優加入に反対の立場だ。少女歌劇の隆盛も、「少女なる二字の恩恵」（京の人⑫二一・一）だといい、男優加入の反対は、少女だけの歌劇へのこだわりとなって『歌劇』に色濃く現れた。

少女というカテゴリーを形成するには、性別だけでなく年齢も大きな要素となる。少女は何歳までかということも、しばしば『歌劇』で話題となった。

堀正旗は、『早稲田文学』に掲載された坪内士行の「演者は悉く少女であると云ふ割引のおかげである事も否まれませぬ。余興であると云ふことが、観者の心をゆつたりとさせ、多くの欠点を見逃させるのと、少女であるからと云ふ親類交際《づきあひ》の親しみが、どれ位其の不自然さを緩和させてゐるか分りません(17)」という意見を援用して、次のように自らの考えを述べた。

少女歌劇は何時迄も少女歌劇として其の無邪気さを失はせたくない。少女歌劇からそのinnocentを取り除いたら、少女歌劇としての生命はなくなつてしまふ。

（「少女歌劇是非録（三）ポプラの教室から」⑤一九・八）

少女歌劇を象徴するのは、無邪気＝innocentであった。堀の言を待つまでもなく、少女歌劇の魅力を語る投稿には、必ずといってよいほど、無邪気という言葉が入っていた。「真実子供らしくつて、生々した元気がある。いやに看客に媚びを売らなければ、又品も作らない、そして無邪気で少しのいや味もなく、言葉も科もきびきびして居て全く気持が良い」（九、二、鉄舟生⑧二〇・三）という、人気スター天津乙女に宛てた投稿はその代表的な例であろう。少女歌劇は「人形箱をぶち開けたやうな可愛い一団隊《(ママ)》」（神戸KK生⑧二〇・三）のたとえも、演目以前の問題として、無邪気で子どもらしい少女の集合そのものが評価されていたことがわかる。可愛らしい・無邪気・子どもらしい・真面目などは、少女歌劇の本質を表す言葉であった。

言うまでもないことであるが、無邪気は宝塚の少女のみのものではない。鈴木三重吉が一九一八年に創刊した児童文芸雑誌『赤い鳥』は、世俗的な子どもの読み物を排除して、「子供の真純」を開発するために、若き子どものための創作家を育成する運動を展開[18]していたし、童謡も流行した。子どもたちは、真純であるべしとされたのである。

ただし、ここで、子どもであるだけでなく、少女であることは加味すべき条件である。今田絵里香は、「子どもである「少女」は大人になってから適用される良妻賢母という規範から遠ざけられていた可能性がある。むしろその子どもらしさが賛美され、子どもらしくふるまうことが要求されていたかもしれない」[19]と指摘した。少女は、妻でも母でもないからこそ、子どものような無邪気さが求められたのである。実際、宝塚では、「花の様な無邪気さが一般から可愛がられてゐるのですから決して生意気になつてはいけません、お行儀よく、真面目に、勉強して下さい」（谷ふさ子⑨二〇・六）といったファンのアドバイスも寄せられ、観客は、少女たちに無邪気さを強く求めていたことがわかる。

無邪気さが代名詞であった少女歌劇は、「歌劇か芝居か解らぬ、あの独唱と来てはお話しにならない」（摩耶仙人⑧二〇・三）と歌唱力は低く、踊りも、「宝塚での踊の上手と言ふのは、一般の踊の社会から見ると、（略）下の下です」（百合女⑬二一・三）と酷評されるほどに、少女たちの技術は未熟であった。そこで出てきたのが、Amateur という視点である。

『歌劇』第八号（二〇・三）で柳川礼一郎は、「少女歌劇は永久に歌劇界の Amateur として自己をみいだす可きや如何?」を発表する。宝塚少女歌劇は、永久に歌劇界で最も純真な、熱心な、汚れなき Amateur ＝アマチュアとして自己を見出し、成長してはどうかという題のもとで、「質素な扮装のアマチュアこそは、どんなに懐しみの多くを感じさせられるか分りません」と説いた。やがて、宝塚の枕詞のように使われることになる「なつかしい」という言葉には、アマチュアであることへの賛美も入っているようだ。

「宝塚少女歌劇団!! 名からして懐しい清らかな感じを私達に与へます。美くしく愛らしい熱ある芸術よ」（みの字⑬二一・三）というのだから、宝塚少女歌劇と聞くだけでアマチュア感の溢れる少女歌劇の舞台が目に浮かび、「なつかしい」という感覚がわきあがってくる。学芸会のような少女歌劇を観ることで、幼き日の思い出が呼び起こされ、「なつかしい」のか。華やかな少女歌劇も、新しい生徒たちの公演は物足りなくもあるが、可愛らしい純なところがあった（吉弘早苗⑨二〇・六）と感じるから、かわいらしいという意味で「なつかしい」のか。いずれにしても、「なつかしい」と感じる要素に、少女歌劇のもつアマチュア性に依拠するものがあることは確かだ。

舞台に立つことが好きだから歌い踊る。そのような「可憐な可憐な好事家のお遊びであって欲しい」という柳川の意見の裏には、人気も少女たちへの影響力もある宝塚少女歌劇が、世の中や政府を風刺するような芝居をやってもらっては困るという含みがあるように思われてならない。柳川は続けて、

女優のするやうな化粧をし、ほんものゝ男に扮しやうとする憎らしいことはやめたがいいと思ひます。（略）矢張り少女は少女らしく、普通のお化粧をし、男に扮するにも以前のやうに髪

を垂らしたまゝにしなくてはいけません。幼稚でいい。

ともいう。少女たちが男に扮することは「憎らしい」とさげすみ、少女たちが短髪にすることは嫌われる。これも先述したジェンダー規範に対する危機意識の現れと考えられよう。物足りない感じのする生徒の芸が、「少女歌劇の真価」（星香松[14]二一・四）とみなされるのには、そうした男たちの思惑もあったのではないだろうか。

先に男優加入を検討した一三は、のちに少女歌劇の覚束なさをいいながらも、その可能性は否定した（「一部二部の区別」⑬二一・三）。一三の真意はいずこにあるのか。

一九一九年六月二八日、フランスのヴェルサイユ宮殿で、第一次世界大戦の講和条約が結ばれ、国際連盟が成立すると、日本は常任理事国となり、世論は一等国になったと誇った。国民であることが、より強く意識されるなか、一三は国民劇に対する持論を展開する。江戸時代の町人や農民は唯一の慰安を遊郭や市井の情事に求める以外になく、従ってその当時の社会状況を反映した歌舞伎などの芝居は、当時は国民劇となり得たが、現代においては国民劇ではない（小林一三「再び東京帝国劇場に宝塚少女歌劇を公演するに就て」⑤一九・八）として、時代に即した国民劇を希求した。一三が強調するのは、第一節で述べたように、西洋音楽と日本音楽の調和を基礎とした劇であった。前述の坪内の論稿は、少女歌劇繁栄を少女に由来するとしたが、その前提として「時勢に応じた洋楽中心の力[20]」を挙げていた。西洋物をやるときは、外国のオペラの真似はやめてほしい（青山睦生[2]

一八・一二）、観客の嗜好は日本物ではあるが西洋物があることによって劇全体が引き締まる（甲山北人③一九・一）などの意見からすると、一三の和洋折衷路線はそれなりに評価を得ていたといえる。西洋物を直輸入した帝劇やローシーの失敗はあるものの、西洋っぽさは人々の憧れでもあった。このころ浅草オペラがヒットしたのも、そのような人々の気持ちにかなうものだったからであろう。

浅草オペラは、前節でも触れたが、芸術座の演出家であった伊庭孝《いばたかし》らが、帝劇で失敗したオペラを、全面的に庶民好みのものにした音楽劇で、一九一七年に浅草の常盤座で上演した《女軍出征》が、大変な人気を呼んだ。都市の中間層の感覚にマッチした軽演劇は、ペラゴロと呼ばれるファンの熱狂的な支持を得た。主な客層は、中上流階層であったが、鳥打ち帽をかぶり、かすりの着物に下駄ばきの若者[21]などもいた。ペラゴロの著名人も多く、前述の谷崎潤一郎のほか、川端康成、今東光、竹久夢二、大杉栄、辻潤らが挙げられる。[22]

浅草オペラの作品に《トスキナア》がある。[23]逆から読めば、アナキストであり、スリを政府が許すという風変わりな趣向のアナキストの夢を称揚した作品であった。しかし、大杉栄や伊藤野枝らのアナキストがこの演目を上演した劇団の応援に駆け付けても、浅草の客の反応が今一つであった[24]というところに、浅草オペラを受容した層の一つの特徴があるのではないだろうか。大戦景気を受け、刺激的で新奇な娯楽を求めていたところに、浅草オペラの「ヨーロッパ風の舞台衣裳、景気のいいメロディー、ハイカラなストーリー」[25]が小市民の目にとまり、ヒットしたのであって、観客は強いメッセージ性をもった作品を欲していたわけではなかった。浅草オペラは、一九二〇年株価の暴落を契機に衰微をはじめ、関東大震災にとどめをさされる形で消えてしまった。

坪内士行は、浅草オペラが下火になった原因の一つは、日本人が「まだ本当に西洋音楽を解する力があつて歌劇を歓迎するのでなく、ハシリ物好き」(「劇団の生命」⑨二〇・六)にすぎないからであると論じた。浅草オペラには、観客の側にそうした脆弱性があった。宝塚にしても同様で、観客の側に脆弱性がなかったはずはないのである。帝劇歌劇部二期生でローシーの指導を受けたのち、浅草オペラでも活躍し、西洋物の指導者として一三に請われて一九一九年に宝塚にやって来た岸田《きしだ》辰彌《たつや》(26)の作品《女医者》などは、浅草式だとする批判的な意見がみられた。岸田は、ジャーナリスト岸田吟香を父にもち、画家の岸田劉生の弟である。のちに《モン・パリ》をヒットさせ、宝塚におけるレヴュー時代の幕開けを仕掛けることになるのだが、その岸田の作品が、初期の宝塚では拒否感をもって迎えられた。このことは、すなわち宝塚少女歌劇の観客層にも、西洋物を受容する素地が育っていなかったともいえる。

それではなぜ宝塚少女歌劇が残ったのか。ここで簡単に結論づけることはできないが、関東大震災の直接の被害を受けていないこと、無邪気な少女が演じるという少女ブランド、表立ったメッセージ性はないが、「観客を無意識或は有意識の内に思弁に導く」(曾野功「宝塚少女歌劇のとるべき途に就て」⑧二〇・三)ようなものであったこと、一三が世相を読む力に長けていたことなどが挙げられるのではないだろうか。一三は、世の中の雰囲気を以下のようにとらえている。

我国民の生活は凡てが矛盾の域に立つてゐる、凡てのものが調和がとれて居ない、(略)即我国民の風俗習慣は凡ての点に於て調和を欠いてゐる、矛盾してゐるのである、然り、実に然り、そこが面白いのである、其所に活きた芸術が生れるのである。　(「時代錯誤歌劇論」⑩二〇・八)

少女歌劇の公演を観に来た帝国劇場切符売場に並ぶ男性たちも、カンカン帽に着物姿であり調和を欠く。一三は、この矛盾をマイナスに考えず、楽しんでいる感すらある。それは、そこに芸術が生まれるからであり、矛盾がなく自然で調和してしまったものは過去のものだと断定する。社会の変遷に伴って芸術が変化し完成するまでには、混乱や闘争が避けられないともいう。社会の様々な矛盾が噴出し、「改造」が流行している時代だからこそ、宝塚のような時代錯誤の劇が生まれたというのであろう。世の中のすべての事物は、「国家、若くは社会の見地より離るゝことの出来ない」(統亜書楼主人「素人の見たる宝塚少女歌劇」⑪二〇・一二)のであり、宝塚の誕生も社会の状況を反映したものだ。

この時代錯誤には、西洋のオペラの輸入が進むなか、日本物を演じるという過去を発掘すると同時に、日本音楽と西洋音楽が融合した和洋折衷の新しい国民劇をつくる未来に通じる二つの側面があるのではないだろうか。一三は、西洋音楽の普及に関して、国民の演劇との接近が近道である(「西洋音楽の普及と堕落との区別」⑫二一・一)と述べる。日本人が慣れ親しんだ日本の音律で西洋の楽器を演奏しなければ、西洋音楽の普及は難しいという持論を一三は繰り返した。こうした一三の考えが、日本の音楽をオーケストラで演奏するという和洋折衷路線に導いたのである。

坪内士行は、第一一号（二〇・一二）に「問題としての時代錯誤歌劇」を出して、時代錯誤にも善し悪しはあると主張した。洋服に下駄は、半纏《はんてん》に夜会靴を穿《は》く愚と一緒であるが、洋服に草鞋穿きは半纏にゴム靴を穿くのと同じでよいものとする。要するに、同じミスマッチなものでも、万人に受け入れられるようなものならよく、宝塚も路線を間違えさえしなければ、時代錯誤の劇でもよいということだろう。逆にいえば、西洋物を解し得ない観客でも親しめる歌劇をつくらなければならないということになろうか。

坪内は、元来宝塚少女歌劇は、劇団と観客の双方が、「持ちつ持たれつ、云はゞ親類交際で仲よく話しあつた風にして成長して来たもの」であるという。たしかに、宝塚少女歌劇は、観客の要望に応じながら、観客とともにその形式をはぐくんできた。自分たちも少女歌劇をつくる一員である、その当事者意識こそが、観客の「なつかしい」という感覚につながっていくのではないだろうか。「なつかしさ」は、実際に何かを経験していなくても起こり得る感情ではあるが、経験した方が、その度合いはより高まるであろう。「兄ィさんが妹の芸術を見て楽しんでゐる風の態度で見られたい」という坪内の言葉は、「なつかしさ」を生むシチュエーションを例示したといえよう。児童文学者の巌谷小波は、「何だかむかし膝であやした子が、もう学校も上級まで進んでこの書き方図書の成績品を、目の前に見せてくれた様な気がする」（「七年振に来て見て」⑫二一・一）と、感想を『歌劇』に記している。おそらく巌谷と同様の気分を味わった観客もいたことであろう。

記憶を仲立ちにしたこのような「なつかしさ」ばかりでなく、宝塚という場所への思いを吐露する者もいる。「阪急電車、宝塚、私は此の名を聞くと胸がわくわくして堪まらなく懐しい」（A.M.生⑨二〇・六）というのである。宝塚が道徳や智識の教養としての芸術ではなく慰安としての芸術（山正生⑫二一・一）で、都市生活者を癒す存在であったならば、虚構であっても、心のふるさとたり得るだろう。たとえ住んだことがなくても、思い入れのある地として、「なつかしい」と思うことはあったのではないだろうか。「宝塚！　その名はどれ程私にとつて憧憬の的でありませうか。宝塚の空気、その名、あらゆるものに憧憬を持つてゐる私なのです」（室津米美⑩二〇・八）など、宝塚に対する「なつかしさ」、宝塚への憧れは、「心行くまで宝塚情緒を味ひ宝塚情調に浸り度い」（東都にて　名なし草⑩二〇・八）という願いになった。奉天からの投稿でも、「娯楽機関を欠いて居る淋しい殖民地生活の唯一の慰籍は只宝塚情調の空想」（奉天、今井睦太郎⑨二〇・六）なのだという。

彼らのいう「宝塚情調」、「宝塚情緒」とは、どのようなものか。一九二〇年夏期公演で上演された《夢若丸》に関する投稿に以下のようなものがある。

春の夕が刻々と緑、黄紅紫と花の様な色彩を薄く包みかけた時不思議な家の運命を歎く美しい姫と其の犠へに胸の乱れた若い殿とは音なく散る花の下に縺れ合つて空を仰いだ滅入る様な独唱の余韻はかすかに揺れて流れ渡る……淋しい絵……此所特有の情緒が嬉しい。

（鳥の助⑩二〇・八）

【コラム】少女歌劇と絵葉書――その2

絵葉書についての要望あれこれ

✣遠から送金して公演毎の脚本、楽譜集、『歌劇』、絵ハガキ等を註文する人は沢山あつて非常に御面倒でせうが、もう少し迅速に註文品を御発送を願へんでせうか。僕なぞいつも公演数日前から註文して置いても、公演十日後でなければ受取つたことがないのです。

（彦坂伊一郎[14] 二一・四）

✣帝劇でお売りになる『歌劇』のしをりや写真ヱハガキを、今度こそはきつときつとどれでも一枚づゝ欲しいのを買へるやうに願ひます。三枚一しよだの五枚一しよだのといふのは本当に不便ですから。

（東京星優梨子[32] 二二・一二）

✣私のいちばんうれしいのは絵葉書です。脚本集も『歌劇』も曲譜集も好きですけれど、何と云つても買ふ時にいちばんの楽しきを覚えさせられるのは絵葉書なんです。その絵葉書が、近来ずい分疎雑になつた様です。この夏のなんか可哀想な程薄いんですもの。でもこの物価の高い折から、二組弐拾銭の安価なんですから無理もない事かも知れませんが。秋季の時のはまたバックがたゞの白なので、顔の白さが劣つてから云ふと失礼ですが、秋田さんの女王なぞまるで木像物の絵葉書そつくりでした。（略）宝塚のおみやげにこの絵葉書が何よりもよろこばれてゐます。それは舞台姿そのまゝの美しいひとたちの絵葉書だからです。何とかして頂きたいと思ひます。

（すゞ代[46] 二四・一）

《お夏笠物狂》右：お幸……初瀬音羽子
左：お夏……篠原浅茅

どこか淋しく儚《はかな》く、日本古来の四季に彩られた美しさを感じさせる舞台、それが宝塚情緒だった。宝塚情緒を生み出した代表的な演出家が久松一聲である。一九二〇年一〇月に公会堂劇場で上演された久松の《お夏笠物狂》は、井原西鶴の『好色五人女』に出てくる、お夏清十郎の悲恋を題材にした作品で、「気を換へての盆踊は、名手高砂と久方の音頭鮮やかに、我等見物席より、浮かれ出し度き程なるに、引き上げたる跡、秋の夕暮の淋しさの外に、一種の気分を覚えさするは舞台装置と篠原の眼のお蔭なるべし」（鳥二郎⑪二〇・一一）と、観客は独特な風情に酔いしれた。久松の作品は、「場面転開《ママ》の情緒的なゆたかさを持つて居られる」（林已一⑮二一・五）とか、「独特の美しい詩藻が表れて宝塚情緒を味ふに充分」（矢名氏㊷二三・九）と喜ばれ、のちには「久松情緒」と呼ばれるまでに円熟味を増した。

レヴューが開花する以前の宝塚では、宝塚情緒がとりわけ人気となった。

第四節　宝塚というアトモスフィア

宝塚独自の雰囲気をもった舞台を生み出すことに成功した一方で、宝塚少女歌劇は、それまでのアマチュア路線でいくか、芸術的な路線を選択するかの岐路に立たされていた。『歌劇』誌上でも、議論が白熱するなか、双方を叶えようとする意見もみられる。それは、少女歌劇の公演を第一部と第二部に分けてはどうか（京都にて、曾野功[9]二〇・六）というものだった。投稿した曾野功の説に拠ると、この二部制は、第一部では知識階級向けの芸術作品を上演し、第二部は、過去の少女歌劇がそうであったように、お伽歌劇を演じるというものだった。[27] 二部制といっても、現在のように昼夜二回公演などの意味ではなく、同時に別会場で公演するもののようである。

読者の反応は、現状では物足りない点があるとしながらも、否定的なものが多かった。宝塚少女歌劇は、家庭向きかつ中途半端であってほしい（一九二〇、七、四、山正生[10]二〇・八）、一部を知識階級のみにしたのなら家族で来てもバラバラで観劇することになる上、乗客対策で生まれた少女歌劇の趣旨に反し、階級的差別は一般の反感を買う（鉄捧生[11]二〇・一二）、二部にすると二度観に行かなければいけないが忙しくて不可能（白百合[13]二一・三）などが、その主な理由である。

しかし、小林一三が、「一部二部の区別」（⑬二一・三）を発表し、二部制への移行を、かねてからの混雑を緩和するためと説明した。一つはお伽歌劇にするにしても、今一つも少女ばかりで貧弱で頗る不安であると、一三にしては珍しく弱気な発言もしている。そして春期公演で実行し、観客の意見を聞いて夏期公演をどうするか決めるとした。

二部制を実施した一九二一年春期公演（三月二〇日〜五月二〇日）の演目をみておこう。第二部がお伽歌劇として上演されたものである。

第一部（公会堂劇場）
舞踊《春から秋へ》（楳茂都陸平構想・振付）
歌劇《王女ニーナ》（岸田辰彌作・振付）
新歌舞劇《二葉の楠》（坪内逍遥作、坪内士行改修・振付）
喜歌劇《守銭奴》（モリエール原作、森英流作、坪内士行振付）
歌劇《筑摩神事》（久松一聲作・振付）
第二部（パラダイス劇場）
お伽歌劇《仙女の森》（久松一聲作・振付）
お伽歌劇《佐保姫と手品師》（金光子作・作曲、楳茂都陸平振付）
お伽歌劇《ヘンゼルとグレーテル》（岸田辰彌作・振付[28]）

一三の意向を知り、芸術の啓発にもなり非常によいという評価（狂児槐二⑭二一・四）や、お伽歌劇が観たかったので大変よいアイデアだ（吉弘早苗⑭二一・四）などという意見が聞かれ、観劇後の反応は、二部の方が喧しい（大阪勿忘草⑮二一・五）という人もあれば、静かに観ることができた（S、S生⑮二一・五）など、評価は分かれた。

これらを受けて、一三は二部制実行の結果を総評した上で、少女歌劇とお伽歌劇を一ヶ月〜四〇日で交代に公演し、一年間休演期間を設けずにやっていくとの結論を示した（「帝劇公演芸題の撰択と二部制度実行の結果に就て」⑯二一・六）。一九二一年九月には、第一部を花組、第二部を月組に改称、一九二二年は、公会堂劇場で花組と月組が約一ヶ月間交代で舞台を務めることになった。一三は、ゆくゆくは雪・月・花の三組に区別する計画も明かし（小林生㉑二一・一二）、実際に、一九二四年に雪組が誕生する。[29]

上演システムの改変とともに、『歌劇』にも変革が起ころうとしていた。第一三号（二一・三）の「高声低声」で一三は、これまで不定期刊行であった『歌劇』を隔月刊行するとし、さらに前向きな姿勢もみせた。一三は『歌劇』の編集を自ら進めるなかで、歌劇団に対する一般の趣向を想像できるだけでなく、「若い人達の心持、血の湧くやうな感激、涙の出るやうな同情、その美しい無邪気な態度に興味と快感とを持つて、黙読するのが嬉れしい」（小林生⑬二一・三）から、いかに忙しくても、校正まで自分の手で行うという。宝塚への思い入れの並々ならぬものがあるが、いつまでも自身が編集するのは無理がある。定期刊行を機に、企業家として多忙を極める一三は、後進に道を譲る可能性を示唆しながら、「観客諸君の機関雑誌にしたい」と述べ、歌劇団への要望やアドバイスを授けてもらえるのなら、毎月発行することも不可能ではない旨を読者に伝えたのである。この発言に対する反響は大きかったのか、毎月一回一日に発行することに決し（小林生⑭二一・四）、直ちに実行に移された。

一九二一年五月一日刊行の第一五号から、『歌劇』は月刊誌となり、第三種郵便物としての認可を受けた。新編集主幹に寺川信を迎え、目次のデザインも一新し、新たな一歩を踏み出したのである。編集方針は、できる限り「歌劇を中心とした文芸の色彩を濃厚にした雑誌」とするが、常連の機関雑誌でなければならず、さらにその上で、「新しく、広く、各方面の愛読者を網羅することによつて、其親しみを密にしつゝ発達したい」というものであった（小林生⑭二一・四）。第一五号にはまず坪内士行の「社会と文芸」を掲載している。

坪内士行[30]は、坪内逍遥の甥にあたり一時は養子となっていた人物で、早稲田大学文学部英文科を卒業後、ハーバード大学に留学して演劇を専攻し、一九一八年から少女歌劇の演出に携わっていた。論稿の冒頭、「私は近頃流行の男女同権熱や、労資の争ひや、労働者の空気焔が妙に思はれてならない。男女は同権でありえない。労働者と資本家とは同権でありえない」と、社会の状況を一蹴する。

前年の一九二〇年三月に、平塚らいてう、市川房枝、奥むめおらによって結成された新婦人協会は、男女普通選挙権の請願運動などを行った。この運動は、すべてが順調とは限らなかったが、女子が政治演説会を主催し傍聴することが認められることとなった。山川菊栄らも、婦人問題を資本主義社会の矛盾の一つとしてとらえ、これを社会主義運動に結びつけようとして、一九二一年四月に赤瀾会を結成した[31]。ヨーロッパでは、世界で初めて総力戦となった第一次世界大戦後、国家が国民の支持を得るため、普通選挙を一般化し、婦人参政権も実現していた[32]。日本の男女同権熱の高まりも、その世界の流れの煽りを受けていた。このような外在的要因に加えて、国内のデモクラシー的風潮も後押ししたことも考えられる。

また、ここで大阪府下の物価と労働賃金をみてみると、一九一四年を一〇〇としたとき、一九一九年一二月には物価三一七、労働賃金二五〇となっている。同年一月は物価二三七、労働賃金一七〇であったから、その上昇は著しい。[33]労働者は困窮しているにもかかわらず、その数は飛躍的に増加し、全国の官営工場・民間工場（職工五人以上）の労働者は、一九一四年に一〇九万人であったものが、一九一九年には一七八万人になっていた。[34]デモクラシー運動の高揚と、物価の上昇による生活不安のなかで、一九一九年に労働運動も急速に発展を遂げていた。[35]

坪内の論稿はこのような世間の動向に対して、「同じ権利は同じ力量、同じ運命の人の間に得らるべきもので、違つた力量、違つた才分、違つた運命の者を一つにしやうと云ふのは全然無茶な考へ」であると、労働運動で環境改善を訴える人々を非難している。男女同権熱と絡めて、「同じ男同士の間にさへ同権でありえない人々は沢山あるのに、まして女が男と同じだと思ひ、さう云ひ罵つて騒ぐのは労働者問題の或場合と同じく、愚の骨頂」であると切って捨てた。

坪内が、突然『歌劇』誌上で気炎を揚げたのは、文芸家の社会主義化への批判があったようで、「文芸家は物質的にもいよいよ富み、いよいよ美しからんことを願ふのが本当である」とも述べた。豊かさを享受し、美しいものを見ていたい。これは、坪内だけでなく、宝塚少女歌劇を好んだ層の考え方に合致しているようにも思われる。もちろん、観客の多くは、新中間層であるから、知識階級や有産階級のように高級なものには手を出せない。鹿野政直によれば、中流は、おおむね労働者階級＝無産階級と同質であった。[36]中流を新中間層とみなすと、彼らは、実態としては無産階級に近くても、ブルーカラーとは差をつけたい、少し背伸びをして、豊かさや美しさを享受したいと願っていた。それを、手に入れるための一つに宝塚少女歌劇があったと考えられることは、第一章でも述べた通りである。憧れと同時に、宝塚少女歌劇という無邪気な少女たちが歌い踊る集団をみて癒されるには、自らの生活や世相からの逃避ということもあるのではないか。ある客は、宝塚を次のように表現する。

武庫川の清流に臨んだ温泉のゆつたりしたアトモスフイアに日常の激しい感情生活、厭しい金銭生活の苦心を洗つて、宝塚少女歌劇から受ける静的な消極的な退嬰的な慰藉休養以外に、何等かの力が迫つて来る（京太郎、三二五夜⑮二一・五）

「静的な消極的な退嬰的な」という言葉は、世間で巻き起こる労働運動や婦人解放運動の「動」的な事柄の対岸に宝塚を位置づけている印象を与える。宝塚は武庫川のほとりの豊かな自然の地、すなわち「清き天地」（南地美也多㉒二二・一）であり、そこに、「静的な消極的な退嬰的な慰藉休養」＝心の満足が加わることで、憧憬が導き出されるのである。宝塚の「なつかしさ」の根源はここにあるのではないだろうか。宝塚少女歌劇は入場料も安く、新中間層が、美しさを気楽に求められる存在であった（初鳥千夜⑮二一・五）。不景気のなか二週間に一度は借金をしてでも行く（よしろう⑱二一・八）という人。そうまでして、「なつかしい」感覚を享受して精神的に充たされようとしていた。

表6　「高声低声」の推移　その2

号	発行日	本文ページ数	「高声低声」ページ数	本文ページに占める「高声低声」の割合	「高声低声」投稿数
15	1921年5月1日	96	38	38.6%	57
16	1921年6月1日	117	39	33.3%	86
17	1921年7月1日	96	28	29.2%	60
18	1921年8月1日	101	25	24.8%	51
19	1921年9月1日	101	25	24.8%	50
20	1921年10月1日	104	27	26.0%	45
21	1921年11月1日	104	23	22.1%	43
22	1922年1月1日	144	26	18.1%	36
23	1922年2月1日	93	21	22.6%	28
24	1922年3月1日	96	30	31.3%	35
25	1922年4月1日	80	16	20.0%	23
26	1922年5月1日	94	34	36.2%	40

宝塚を熱心に観た人々は、自分たちのことを「宝塚党」と名乗った。宝塚ファンと同義である。さらに『歌劇』誌上では、「Tシック」という言葉も散見するようになる。宝塚へ飛んでいきたい気持ち、次の公演を待ち焦がれる思いなどをTシックといった。

脚本集や『歌劇』をみて飛んでゆきたい心を強ひておさへておりますの、Tシツクにほんとに苦しうございますよ。　（麗子⑮二一・五）

坪内の「社会と文芸」に対しての反応が、「高声低声」にみられないことは、宝塚党の特徴を表しているように思う。『歌劇』編集の段階で反論を没書とした可能性がないわけではないが、読者はTシックになるほど宝塚を愛していた人が多く、世の中の雰囲気を感じ取ってはいるが直接関わりをもとうとはせず、坪内が書いたような社会性を帯びた論稿にはあまり関心がなかったということを意味しているのではなかろうか。

編集主幹が寺川信になってからは、「高声低声」は誌面の二〜三割程度で比較的安定していくようになる。投書の内容は、依然として好きな生徒を賞賛するものや、作品の批評や感想が多い。読者からも、たとえば音楽的素養の欠如を問題にした投稿（南国のバッテン生⑮二一・五、与子⑯二一・六）もあるように、観客の養成は、『歌劇』が取り組むべき重要な課題であった。そのために知識人たちは、日本の伝統芸能や音楽に関すること、西洋の音楽やオペラ、世界の劇壇のことを多数寄稿した。

宝塚少女歌劇団理事の吉岡重三郎が、米国視察を終えて生徒たちの前で行った講演の記録が、進んだ観劇に関する文化を読者にも知らせるために、「歌劇見物を中心として――紐育の芝居の話」として、『歌劇』第一九号（二一・九）、第二〇号（二一・一〇）に掲載された。まず第一九号では、メトロポリタンの三三〇〇人収容の大劇場で観劇した際の体験談を中心にまとめたものだ。芝居茶屋がなく、日本の観劇料より安い上に、指揮者にあわせてオーケストラの演奏や出演者の動きが、一糸乱れず、完成されていることに感動し、正装で観る価値があるとしている。劇の進行中でも、独唱シーンでの観客の拍手やカーテンコールのあることも語った。贔屓の客に視線を送るなど媚びを売る女優が多いなかで、あるミュージカル・コメディーの主役の女優の質素な服装や、無邪気で少しも気取ることのない誠実な対応に、吉岡は感心したという。無邪気さに宿る価値を強調し、宝塚の生徒にはそのままでいてほしいとのメッセージであるのだろう。第二〇号では、米国人のよく遊び、よく働くことが、米国に隆盛をもたらしたと、第一次世界大戦で世界一の資本主義国家となり、長期の景気拡大が続いていたアメリカの享楽にお金を惜しまない華やかな時代の様相を報告した。

また、白樺派の有島武郎が「雑談」というタイトルで、第一八号（二一・八）に寄稿している。有島については次章で改めて触れることになるが、一九〇三〜一九〇六年のアメリカ遊学の際に観たドイツのあるオペラ団への幻滅と、東京で観たロシア舞踊[37]への称賛などを記した。有島は、この渡米中に社会主義に傾倒したといわれる。有島の寄稿が実現したのは、ロシアの劇壇について論稿を執筆していた編集主幹の寺川の存在が関係しているのではないだろうか。

寺川自身は「労農治下の露西亜劇壇」（㉔二二・三）でロシアの状況を伝えた。ロシア革命後、ロシアの劇界は、国民の生活に深く根ざしていたため耐える日々が続いたという。政府が社会主義宣伝の武器として演劇を使い、保護金で買収した劇場で、プロパガンダ喜歌劇が上演され、社会主義の理想が深く大衆に植えつけられていったことを説明する。人々の生活苦が演劇を観る余裕を奪うと、政府は私的企業も歓迎し、今ではモスクワの芸術座は政府の信認も得て、ロシア劇界の最高水準を誇り、俳優研究所が設立されていると紹介した。

そして、編集主幹を退いた一三も、執筆意欲が衰えることはなく、精力的に論稿を発表していた。大阪毎日新聞の連載をもとにまとめた「歌舞伎劇の改善と松竹の運命」（⑯二一・六）の主題は、一三の目標であった国民劇を完成するにはどうしたらよいかであった。ちなみに、なぜ松竹かといえば、歌舞伎は明治末期に近代化を迫られた際に、興行資本の手にゆだねられなければならず、松竹のもとに統一されていったためである[38]。一三の国民劇構想は、近世を代表する庶民の芸能であった歌舞伎が、上流階級の専有物となっている状況を鑑み、民衆芸術とするために、歌舞伎の改良に主眼が置かれた。一三が取り上げたのは、劇場経営の問題と、劇の形式や内容についてである。

国民劇は、国民の要求が第一と考える一三は、成立の条件に「容易に見せること」と「安価に見せること」を掲げた。そのためには、上演時間を短縮し、劇場の収容力を倍増させなければならない。一三が目論んだのは四、五千人を収容可能な劇場の建築で、大劇場主義である。現在の宝塚大劇場は二五五〇席、歌舞伎座は一九六四席である。これらと比較してみても、四、五千人規模の劇場がいかに大きなものかがわかる。

これに対し、坪内士行は、資本家は必ず大劇場形式に走るが、芸術家は小劇場を主張するとし、坪内自身も小劇場を支持した（「小劇場可否論」⑱二一・八）。坪内は、古芸術の新研究、地方芸術発展、新演劇のための小劇場を唱える。宝塚少女歌劇を支える人物の中に、一三のように経営的観点から大劇場を建築しての国民劇を構想する人物がいる一方、芸術的研究や地方の芸術発展を視野に入れて小劇場を支持する坪内がいたのは興味深い点である。

次に、一三は旧劇＝歌舞伎の改良には、西洋音楽や、西洋の歌劇を無視することはもはやできないと主張する。旧劇改良案の中には、「常磐津、清元、長唄、三味線太鼓のみでは調和しない時に如何に西洋風の唄ひ方及西洋音楽を応用するや」（「歌舞伎劇の改善と松竹の運命」⑯二一・六）というものがあった。旧劇を改良すべしとする姿勢は一貫しているものの、ここで、一三の考え方のある変化に気づく。従来は、唱歌の教育を受けている世代への配慮もあり、日本の音律を西洋の楽器で演奏することを主張していたが、西洋の音律を日本の楽器で演奏することにも目が向けられていることがわかる。この変化の裏には、ある出来事があった。大阪の中座で上演した歌舞伎の坪内逍遥の新曲《和歌の浦》に、西洋音楽を挿入したのが失敗であったというのである。

日本音楽――三絃楽を主とした歌舞伎芝居なり或は所作事舞踊等に西洋音楽の長所を加味しやうといふ事は、寧ろ乱暴な到底成立し得ない不可能な仕業であると信ずるのであります。

（小林一三「歌舞伎劇に洋楽を取入れたる失敗――新曲「和歌の浦」に就て」⑰二一・七）

あれだけ強く西洋音楽を挿入することを訴えていた一三であったが、「西洋音楽を日本化することの試み」を研究していかねばならないと結論づけた。和洋折衷路線に変わりはないが、日本のものを西洋化していくだけではなく、西洋のものを日本化する方向性も生まれた。このことは、のちのレヴュー受容の萌芽といえよう。

このように、月刊誌となってからの『歌劇』は、その編集方針に忠実に、文芸雑誌的な性格を鮮明にして、世界の劇壇を紹介するなど観客養成の一面をもちながら、ファンと宝塚少女歌劇をつなぐツールとしても機能していた。読者が短歌欄を希望する（神戸、幾夫⑮二一・五）と、『歌劇』歌壇が第一六号から始まった。詩壇歌壇の拡張（大阪　荒城生⑲二一・九）にも応じ、第一七号より「高声低声」のカタカナが太字表記になった。生徒らの作品の掲載（狂児槐二⑭二一・四、久生⑮二一・五）や、誌友会の席上で疑問が解決したので『歌劇』にも当局者や先生への質疑応答欄をつくってほしい（堀江東南⑱二一・八）という要望もあった。寺川も生徒の作品を掲載する意向で、まず、生徒たちの初舞台時のエピソードを本人たちが記した「私の初舞台」（⑱二一・八、⑲二一・九）としてまとめた。第一八号では、高峰妙子のはじめて白粉を塗られて冷やっとした思い出、高砂松子の不器用で日本舞踊もできなくて花笠をかぶった当時の自分の姿をみたら吹き出したくなってしまうという話、春日花子の体が小さくヨチヨチしながら大きな桂桶を背負って舞台に立ったことなどが記されており、いずれもほほえましい。第一九号にも、沿線に住んでいて少女歌劇が死ぬほど好きだったが、いざ舞台に立つと恥ずかしくて声が出なくて電車でよく泣いた秋田露子の思い出、風邪で高い声が出なくなり泣いていたらベソ若丸と綽名をつけられた天津乙女の思い出など、ほかにも可愛らしい失敗談が並んだ。次の号では、早くも生徒の文が多く載せられだしたことが嬉しい（上羅浅水⑳二一・一〇）と反響があった。完成度の高いパフォーマンスなどではなく、少女たちが一生懸命取り組む姿がいじらしく、読者は、生徒自身が語ることでより身近に感じたのであろう。

社会に存在するすべてのものが社会と無関係ではいられないように、『歌劇』にも、「改造」の語が見受けられ、一例を挙げると、「我国の内外を通じて矢鱈滅法に改造説改善説が叫ばれてゐる、やれ社会改造の生活改造の国民精神改造のと其齎す結果の善し悪しは第二の問題として」（「日本舞踊の新機運」⑯二一・六）といったものである。しかし、それはたんに社会の状況を述べているにすぎない。この文章を執筆した楳茂都陸平は、上方舞踊の楳茂都流の三代目である。「矢鱈滅法」「結果の善し悪し」という言葉の端々から、楳茂都は、改造の思潮に冷ややかであるように感じられる。改造の運動や思潮を支持しているわけではないが、その波が自分たちの日本舞踊の世界にも押し寄せている。舞踊界にも新しい機運が芽生えたのは喜ばしいものの、芸術においても興廃存亡の岐路に立つ奮闘時代であるとともに、新人にとっては研究の時代であるとした。

楳茂都の論稿もそうなのだが、社会の動きを感じ取るものの、直接的には関わらないのが、宝塚少女歌劇の立ち位置である。たとえ、情勢を反映したとしても、不景気であれば、不景気だからこそ、明るい話を舞台で展開する。

大阪市電の車内広告に二月公演のある事を見た私は、此の日曜（二月五日）にこそ疲れた頭を休めたいと思つて宝塚へ出かけたのである　（X生㉔二二・三）

「疲れた頭を休めたい」という願望からも、宝塚少女歌劇には、新中間層の慰みとして価値が見出されていたことがわかる。宝塚少女歌劇は虚構の世界を創造することで、社会との関わりを築いていたのである。それは、少女歌劇という舞台上の虚構の世界だけでなく、観劇する少女たちにも少女たちの世界という、もう一つの世界も創りあげることとなった。

第五節　少女たちの世界――「良妻賢母」へのモラトリアム

寺川信が編集主幹について以降も、『歌劇』は「永久の春の様な宝塚の雰囲気を」(東京不二子㉑二一・一二) 醸し出して、少女たちを魅了した。投稿にも溢れんばかりの情熱が満ちていた。第一五号 (二一・五) の「高声低声」には、感受性豊かな少女らが書いた、笹原いな子という生徒に対する情感豊かな投稿が並んだ。

●「すゞ子」の投稿

野バラのやうないな子様、貴女の人気は大変なものよ、ずんずん上達なさるのを見て一人ほゝえんで居りますの、あの御優しいお姿、星のやうな瞳、燃ゆるやうな口唇、あゝなんと美しい天使のやうな気高さ。

●「ひつじ草」の投稿

笹原いな子様 (略)

あの御空に輝く星にも勝る涼しい眼や深紅の薔薇の様なくちびるの所有者たるあなたは未来

の宝塚のスターとしての充分な素質を持つて居られます、折角の其の期待を裏切られん様専心御勉強下さる様切に御願ひ申します。

●「S子」の投稿

私の大好きないな子様（略）

あの星のやうな気高き瞳を見開いて一輪ざしの真紅のアネモネの花を静かに見つめていらつしやる貴女の御姿を思ひ描かずにはゐられません。

こうした少女の投稿のほとんどは、手紙調だった。出だしは好きな生徒の名前に様をつけるのがお決まりで、憧れの生徒の瞳は必ず星より輝いているのである。実在の生徒が空想の世界に浮いているようではないか。大好きな生徒の命は、自分の命より大事かもしれない（天野熱の子⑰二一・七）というほどに、熱を上げる者もいる。これまでみてきたように、知識人たちが『歌劇』に数々の論稿を寄せて、観客養成に取り組んでいたころ、少女ファンは、独自の世界観をつくり上げていた。「高声低声」も新中間層の男性たちによるものとみられる投稿が多くを占めるなかで、このような少女たちの過剰なまでに情熱的で独特な文体は、異彩を放つ。

川村邦光[39]は、こうした少女たちの文章を、アニミズム的な情緒に自己陶酔して浸りきってしまっていると分析した。たしかに、少女たちは憧れの生徒に向けての愛を語っているようだが、生徒を慕う一方で、そのような文章を書く自分にも酔っているようにみえる。「私は私自身をあなたに投げかけてあなたを見てゐます」（村の子⑲二一・九）という投稿もあり、少女は、自分自身を舞台上の生徒に投影させることもあったであろう。別の少女は、宝塚少女歌劇への思慕は、純な乙女が恋人を待ち焦がれている心情、それ以上に真剣で、それ以上に熱烈で、それ以上に純潔なものなのだという。宝塚少女歌劇は「私の最初にして、また最終の聖く美しき恋」（京都無名草㉒二二・一）とまでいうのだった。

こうした少女の独自の世界の形成は、「良妻賢母」という枠組みのなかでしか生きることのできない少女たちの、舞台で輝く生徒への憧れという名を借りた現実からの逃避でもあったのではないだろうか。あまりに感傷的な少女たちの世界は、文芸雑誌を志す『歌劇』に独特の世界観を創出した。さらにいうならば少女への思慕は、やがて「なつかしい」という感覚につながっていく。

●愛する喜久子様！（略）貴女をさしおいて何で私の心をひく方がありませう、喜久子様、貴女程すべてが備つた方はないと思ひます。（略）あなたの夢は幾度みたでせう！　それは到底数へきれません。だつてだつて私ほんとに高浜さん大好きなのですもの。（略）懐しい西の空！　私の好きな喜久子様！　憧憬の地よ宝塚！　ほんとに私の好きななつかしい高浜喜久子様!!　ますますお励み遊せ。さようなら喜久子さま……。（東京、名なし草⑫二一・二）

●片時も忘れた事のない、なつかしいその人を、それとみて知つた時、私は私しのハートは俄かに戦きました、今にも走りよつて抱きすがりたい様な心持をぢつとこらへて……。

（大阪にてA子⑱二一・八）

ここに示されているのは、昔から慕っていて応援していたから過去に戻ったようで「なつかしい」というよりは、今、とにかく愛おしいという意味での「なつかしさ」である。片時も忘れたことのない存在が「なつかしい」のは、心が惹かれて離れない存在という意味であると思う。前年の正月からすべての公演に一度は必ず宝塚へ足を運び、宝塚少女歌劇は「今の私にとっては何よりも一番好きななつかしいもの」（雪女㉔二二・三）という投稿からも、少女たちの「なつかしい」は、宝塚少女歌劇が愛おしくてたまらないという意味で用いられていると考える。

また、読者の少女同士でも「なつかしい」は用いられた。

堺市の鈴子様とか喜美子様等も秋田党の方々で居られますのね、ほんとにおなつかしく御座いますわ、

（京都郊外　緋出子㉒二二・一）

同じ秋田露子という生徒が好きな仲間だから、近づきになりたいという意味もあるであろうし、同じ人を好きな仲間だからこそ惹かれるという意味もあるのではないだろうか。

現代を生きる我々は、過去へ戻ったように感じて楽しいといった文脈で「なつかしさ」を使うことが多いが、この時代の「なつかしさ」は実に多様であった。

このような少女たちの独特の世界観の形成には、新中間層の増加とともに成熟し、一九二〇～三〇年代に花開いた女学校の文化が大きく関わっていた。高等女学校は、一八九九年の高等女学校令によって、「女子ニ須要ナル高等普通教育[40]」を行う中等教育機関として制度化された学校である。一般的な国語や、外国語などの教育科目に裁縫などを加えたカリキュラムを学んだ女学生たちは、女性の教養層を代表する存在であった[41]。女学校の普及は、識字能力を有する女性を増加させ、大衆読者層の形成に大きな意義をもった[42]。将来の良妻賢母であり、ロマンチックな感性をもった少女[43]でもあった女学生たちにとって、内面世界を形作るツールとして、大切なものがあった。それが、手紙である。手紙なくして女学生文化は語れない。「高声低声」の少女たちの情熱的な投稿のほとんどが手紙調であったのも、女学校文化の現れといえよう。

『歌劇』には投稿だけでなく、女学生の手紙を題材にした、「自殺した少女の手紙」（⑲二一・九～㉑二一・一一）が連載される。「宝塚哀話」という角書を冠したタイトルは、目次の活字も大きく、目玉の読み物のようだ。田原鈴子という胸の病気を患っている少女が、小学校時代の同級生である芝山富久子、芸名夏野茂子に病床から宛てた手紙という形を取る。夏野茂子という生徒が見当たらないため、フィクションであろう。病気と向き合う自分の内面もとらえながら、富久子に「同じ年でありながらお姉さまのやうに思へる」（⑳二一・一〇）と告げるのは情熱的で、鈴子からの一方的な手紙だけで展開していても、そこにはエスのような関係を想像させる。

本章第一節で女性の同性愛としてエスに触れたが、さらに若干説明を加えると、エスとは、

sister の頭文字で、たんなる友情とも、本物の姉妹のような関係とも異なり、少女同士の関係のなかでも、とくに燃え立つような強い感情をいう。[44] 先に挙げた笹原いな子への情熱的な投稿などもエスを思わせるのに十分であろう。エスが生まれる背景には、良妻賢母という規範からの逃避が一つ考えられる。宝塚少女歌劇の少女たちも、男性から無邪気であれ、可愛らしく熱心で真面目であれと、度々『歌劇』上で諭されていたように、観客の少女たちが自己を投影した舞台上の少女には、良妻賢母予備軍としてのまなざしが常に向けられていた。良妻賢母という規範は、女性が男性を援助し、そのすべてを受け入れることは奨励されるが、その逆はない。[45] だからこそ、受容してくれる少女同士の親密な関係は、独特の世界観を形作るのである。

そもそも、少女たちは家族同伴という条件で、少女歌劇の観劇を許されていた。単独観劇禁止の理由は、女学生が見物客の不良少年たちに接触することを慮ってのこと（広瀬文豪「教育家から観た宝塚少女歌劇」㉒二二・二）だそうだが、それよりも家族同伴ならばよいというのは、家父長制のもと、親に従わねばならないという構図に縛られているからこそである。結局のところ、良妻賢母から逃げ出すことはできない。少女たちの間で大人気だった『花物語』も、女学生たちに一時的な女性にとっての自己完結的な場を設定し、同性への憧れという形で、女性の人間的な目覚めを描いたのである。[46] つまり、女学生時代は、良妻賢母へのモラトリアム期間であった。女学生たちは避けられない宿命だからこそ、モラトリアム期間に、舞台上の少女に自分を投影し、あるいは別の少女とそこで感じたことを共有することで、自己の存在を確かめる意味もあったのではないだろうか。

住江岸子様。あなたは何んと云ふまあ可愛いお方なんでせう、優しくつて無邪気で愛嬌があつて小柄でお声の愛らしさつたら亦格別、妾はほんたうに飛びつきたい位心から貴女が懐しゆう御座います。

（夜詩子⑳二一・一〇）

少女という有限の時間への憧れは、愛しさにつながり、時を経て昔を思い出して楽しく思うことにつながる。少女に対して覚える「なつかしさ」には、少女という良妻賢母へのモラトリアム期間に対しての憧れも含まれているのかもしれない。

論稿の執筆者を男性が多くを占め、男たちによる観客養成のための場であった『歌劇』に、少女たちが独自の世界を構築したことは、一九三〇年代に少女のファンが台頭するのに先駆けて、『歌劇』に風穴を開けたともいえよう。だが、この『歌劇』の二面性は、やがて、誌面に並ぶ論稿と「高声低声」の内容の差を広げていくこととなり、少女たちの世界は次第に薄れていく。文末に「てよ」「だわ」を付けるようなテヨダワ調など、女学生言葉を嫌う投稿者からの非難などもあり、ついに編集者から、以下の注意が出された。

高声低声への投書が山のやうに参りますが、いづれも同じやうに千編一律で、「私のあこがれて居る花子さん、あなたのお優しい美しいお姿を舞台に見た時の嬉しさは」「妾のすきな音羽滝子さん」と言つたやうに、ヂヤラヂヤラした、甘たるい、無意義の讃美が多いので選読するのさへいやになる位です。（係の一人㉖二二・五）

その上で、宝塚少女歌劇の向上発展のため、生徒のためになる警告や、会社当局者を鞭撻する注文などを歓迎すると述べている。それは、『歌劇』を香り高き文芸雑誌に仕立て上げることを目標としていたからだけでなく、女性のみの劇団であることが、ジェンダー規範を侵す危険性を自覚して、たえず敏感に反応することで律していたともいえるのではないだろうか。

では、創設者の一三は、少女だけの歌劇を、自身の国民劇の主張と、どのように折り合いをつけていたのだろうか。「少女歌劇の意義」（㉒二二・一）で、一三は、宝塚少女歌劇の運命は、西洋の歌劇一点張の理想論に中毒しないところに生命があるとしている。少女歌劇は、不自然を芸術として具体化した時代の産物として生き続ける可能性を有するものとした。西洋の歌劇に固執するのではなく、あくまで西洋音楽を中心として芸術まで高めていこうとしているところに、少女歌劇の意義を見出す。いかなる芸術も時代の反映で、時代の支配を免れ得ない以上、永久に少女のみでやっていくのではなく、時代が少女だけの歌劇に価値を認めれば成り立つ。一三は、時代や民衆の要求たる国民劇をつくることを目標としており、少女にこだわっているのではなく、時代に即した芸術を創出することを念頭に置いていたのである。

帝劇公演をみた坪内逍遥や、松本幸四郎からは、芸術的になってきているという趣旨のコメントが『歌劇』（⑱二一・八）に寄せられた。芸術界の人物に批判を求めるところからして、少女だけの歌劇を、芸術まで昇華させようとする意志があったことがうかがえる。

竹久夢二の批評も雑誌『歌舞』から引用している。

宝塚もしばらくみない、まだあんなに盛んにならない頃は、彼方にゐた関係で、よく友人たちと出掛けた。オペラでもなければ、芝居にもなつてゐない。でも、あの時分の方がよかつた——少くとも私には、好い気持でみられた。

それが、此の頃はすつかりお芝居らしくなつたときく、こまちやくれてしまつたときく。

私には、何だかみる気が起らないのである。

（「宝塚のこと」㉔二二・三）

夢二は、女性を主要な画題とし、不健康ともいわれる女性像を多く描いた。夢二式美人の主な特徴は、全体的に肌が白く、華奢である。その顔は三白眼で伏し目がち、鼻筋が通っているものが多い。夢二の浪漫的な抒情画[47]は、良妻賢母志向の強い少女雑誌に掲載された[48]。免れることのできない悲しみを背負った女性の生活を幻化して映し出した夢二の絵[49]も、あるいは『花物語』も、現実では実現できないことを作品の中で具現化する。それらに魅了された人々は、その世界に浸り、そのなかで完結する感覚を得ようとした。少女歌劇も、現実にはない完結した世界をみせるアイテムであったが、小説や絵と違い、演じるのは生身の少女であり、少女の成長という問題も避けては通れない。夢二が、昔の少女歌劇はよかったが、今は観る気がおきないというのは、少女歌劇が少女歌劇であることを求めたからではないだろうか。「宝塚少女歌劇として存在する限度迄は突き進んで貰ひ度い。がそれ以上範囲を越してまでも進んで貰ひ度くはない」（室津米美⑲二一・九）という宝塚ファンの投稿もあった。少女は成長し、客に飽きられてもいけない。

もちろん『歌劇』には純真な支えもあった。

『歌劇』十四号は今日から発売と云ふので早速買つて見ると僕の出した文が出てゐる。うれしいのうれしくないのて外の処は、何も読まずと唯自分の活字ばかりを眺めて居た。斯様な雑誌に初めて載せて頂いた満足さは、何も云ふ事は出来ないのだ。（文蔵⑮二一・五）

新しい『歌劇』を手にしたら真っ先に自分の投稿が載っているか確認するというのが、読者の当たり前の心理であろう。いくら観客養成を知識人が叫んでも、読者にとり大切なのは、自分の意見が載るかどうかでもあった。これも『歌劇』の存在意義の一つに違いない。

もう一つ、読者の声で多かったのが、遠方のファンが、観劇できないときに、空虚を満たす雑誌としての『歌劇』であった。

遠くにすむものは、これが一番なつかしい本なんですもの、うたの町宝塚に行けない、悲しさ

の万分の一でも少くしてくれますから。　（麗子⑲二一・九）

本章では、雑誌『歌劇』の創刊から、小林一三が編集主幹を務め、「高声低声」が主としておかれた時代と、寺川信が編集主幹になり、観客養成の雑誌を目指した時代を追った。第二六号をもって寺川信は編集主幹を退き、第二七号から堀正旗になることが一三より発表された（小林生㉗二三・六）。愛読者にとり「なつかしい」雑誌である『歌劇』は、どこへ向かうのだろうか。

注

（1）大笹吉雄『日本現代演劇史』大正・昭和初期篇　白水社　一九八六年　二二ページ
（2）宝塚歌劇団編・発行『すみれ花歳月を重ねて――宝塚歌劇九〇年史』二〇〇四年　一八一ページ
（3）渡辺裕『宝塚歌劇の変容と日本近代』新書館　一九九九年　一九五ページ
（4）同右書　五五ページ
（5）宝塚少女歌劇団編・発行『宝塚少女歌劇廿年史』一九三三年　二三ページ
（6）前掲『日本現代演劇史』大正・昭和初期篇　二六ページ
（7）鹿野政直『大正デモクラシー』日本の歴史・第二七巻　小学館　一九七六年　一四八ページ
（8）「篠原淺茅＝牡丹、（略）秋田露子＝勿忘草、（略）春日花子＝桜草（略）」（仙花万花生⑭二一・四）、「妾の大好きな音羽滝子様へ　白百合の滝子さんほんとうに可愛らしくて、無邪気ですね。妾し大の大の大好よ」（つりがね草⑯二一・六）など。

(9) 加納実紀代「〈近代〉をひらく」天野正子ほか編『女性史・ジェンダー史』新編日本のフェミニズム・第一〇巻 岩波書店 二〇〇九年 一七〜一八ページ
(10) 宝塚市史編集専門委員編『宝塚市史』第八巻 宝塚市 一九八一年 二二九ページ
(11) 今井清一『日本の歴史』第二三巻・大正デモクラシー 中公文庫 一九七四年 二〇〇六年改版 一四三ページ
(12) 谷崎潤一郎「私の見た大阪及び大阪人」『谷崎潤一郎全集』第二〇巻 中央公論社 一九八二年 三五四〜三五五ページ（初出『中央公論』一九三二年二〜四月号）
(13) 同右書 三五二〜三五三ページ
(14) 小山静子『良妻賢母という規範』勁草書房 一九九一年 二三四〜二三五ページ
(15) 山本久美子ほか編『虹の橋 渡りつづけて——宝塚歌劇一〇〇年史』舞台編 阪急コミュニケーションズ 二〇一四年 三四ページ
(16) 前掲『宝塚市史』第八巻 二三一ページ
(17) 坪内士行「『夜の潮』の後に」『早稲田文学』一九一九年七月号 一〇六ページ
(18) 『赤い鳥』創刊号の表紙を開けた最初に「『赤い鳥』の標榜語」の一文を掲載して、運動の趣旨を表明している。「『赤い鳥』の標榜語」は二号以降でも、同様にほぼ扱われている。
(19) 今田絵里香『「少女」の社会史』勁草書房 二〇〇七年 八五ページ
(20) 前掲「『夜の潮』の後に」前掲『早稲田文学』一〇六ページ
(21) 増井敬二『浅草オペラ物語——歴史、スター、上演記録のすべて』芸術現代社 一九九〇年 一六ページ
(22) 竹村民郎「『阪神間モダニズム』における大衆文化の位相——宝塚少女歌劇と手塚治虫の漫画に関連して」『阪神間モダニズム再考』竹村民郎著作集・第三巻 三元社 二〇一二年 一八七頁（初出二〇〇八年）

(23) 一九一九年五月六日から六月下旬ころまで浅草観音劇場で上演（前掲『浅草オペラ物語』二四三ページ）

(24) 前掲『日本現代演劇史』大正・昭和初期篇　八九ページ

(25) 前掲『日本の歴史』第二三巻・大正デモクラシー　一四五ページ

(26) 前掲『宝塚歌劇の変容と日本近代』一九六ページ

(27) 曾野功「宝塚少女歌劇のこと」『女学世界　六月号』一九二〇年六月　一三六ページ

(28) 前掲『虹の橋　渡りつづけて――宝塚歌劇一〇〇年史』舞台編　四三〜四四ページ

(29) その後、一九三三年に星組、一九九八年に宙組がつくられ、現在は五組体制で、宝塚の宝塚大劇場と東京の宝塚劇場を中心に、通年公演を行っている。

(30) 前掲『宝塚歌劇の変容と日本近代』一九六ページ

(31) 前掲『日本の歴史』第二三巻・大正デモクラシー　三〇〇〜三〇一ページ

(32) 季武嘉也「大正社会と改造の潮流」季武嘉也編『日本の時代史』第二四巻・大正社会と改造の潮流　吉川弘文館　二〇〇四年　六二ページ

(33) 黒川みどり「「無産階級」の時代」大門正克ほか編『近代社会を生きる――近現代日本社会の歴史』吉川弘文館　二〇〇三年　一六九ページ

(34) 江口圭一『二つの大戦』大系日本の歴史・第一四巻　小学館　一九八九年　三七ページ

(35) 宝塚少女歌劇に、労働という概念が入ってくるのもこの後のことであった。病気で休演する生徒が多いのは、労働過重であるからで、毎週土曜日を休演日にすべき（足少物々⑲二一・九）という提案は、女工に九時間労働（実働七時間）をさせている投稿者自身の目からみて、宝塚の生徒は日曜祭日と連続で、女工に比べて楽ではないというものである。

(36) 鹿野政直「戦前・「家」の思想」『鹿野政直思想史論集』第二巻　岩波書店　二〇〇七年　一〇四ページ

（初出一九八三年）

(37) 有島武郎の一九一九年の日記に「（八月）二十九日（金）軽井沢から帰郷。（九月）五日（金）ロシアのオペラを見る」（『有島武郎全集』第一二巻　筑摩書房　一九八二年　六〇一ページ）の記事がある。
(38) 権藤芳一「多様化する民衆娯楽」鹿野政直編『図説日本文化の歴史』第一二巻・大正・昭和　小学館　一九八一年　一五四〜一五五ページ
(39) 川村邦光『オトメの祈り　近代女性イメージの誕生』紀伊国屋書店　一九九三年　一八ページ
(40) 高等女学校令　http://www.mext.go.jp/b_menu/hakusho/html/others/detail/1318037.htm
(41) 稲垣恭子『女学校と女学生——教養・たしなみ・モダン文化』中公新書　二〇〇七年　四ページ
(42) 木村涼子『〈主婦〉の誕生——婦人雑誌と女性たちの近代』吉川弘文館　二〇一〇年　三〇〜三三ページ
(43) 前掲『女学校と女学生——教養・たしなみ・モダン文化』四ページ
(44) 前掲『「少女」の社会史』一九一ページ
(45) 同右書　二二〇ページ
(46) 前掲『大正デモクラシー』二三五〜二三六ページ
(47) 抒情画とは、流れるような描線と淡い色使いで少女を描いたものであり、少女の敏感な心情を反映させたセンチメンタルな雰囲気をもつ絵のことである。
(48) 石川桂子『竹久夢二《デザイン》——モダンガールの宝箱』講談社　二〇一二年　一四〜一五ページ
(49) 前掲『大正デモクラシー』二三二ページ

第三章　少女歌劇の道標

第一節　ゆらぐ「家」制度

本章では、編集主幹が堀正旗になった『歌劇』第二七号（二二・六）から、丸尾長顕に交代する四〇号（二三・七）を経て、大劇場落成特別号の五三号（二四・八）までを読み解きながら、一三の国民劇構想を軸に、一九二二〜一九二四年の宝塚少女歌劇の動向をみていく。

まず、この時期の「高声低声」の扱いについて概観しておく。『歌劇』はコンスタントに一〇〇ページを超えるようになり、そのなかで「高声低声」の割合はおよそ二割程度で、分量的には安定している。内容で目を引くのは、生徒のほかに、演出家に向けた投稿が出てくることである。たとえば、菊池寛と里見弴が、雑誌『改造』で攻撃し合いながらも、互いの著作を送り合う仲であることを讃え、宝塚の先生方も批判し合うことで啓発につながるのではないか（草の夢30二二・九）とか、経営に直接かかわるような、脚本家を増やすか公演回数を減らすかとの提案（失名氏42二三・九）もあった。演出家の多忙が脚本の質の低下を招いているとして、以下のような警鐘を鳴らす者もいた。

宝塚の先生方は実際仕事が多過ぎます。脚本家も舞台監督も何もかも一手に引き受け、毎公演

表7　「高声低声」の推移　その3

号	発行日	本文ページ数	「高声低声」ページ数	本文ページに占める「高声低声」の割合	「高声低声」投稿数
27	1922年6月1日	102	21	20.6%	53
28	1922年7月1日	104	22	21.2%	49
29	1922年8月1日	107	20	18.7%	33
30	1922年9月1日	110	26	23.6%	54
31	1922年10月1日	104	20	19.2%	34
32	1922年11月1日	91	19	20.9%	31
33	1922年12月1日	110	26	23.6%	42
34	1923年1月1日	120	18	15.0%	29
35	1923年2月1日	110	17	15.5%	27
36	1923年3月1日	106	20	18.9%	45
37	1923年4月1日	105	25	23.8%	51
38	1923年5月1日	114	21	18.4%	35
39	1923年6月1日	106	21	19.8%	39
40	1923年7月1日	106	20	18.9%	42
41	1923年8月1日	100	20	20.0%	38
42	1923年9月1日	104	21	20.2%	40
43	1923年10月1日	104	22	21.2%	59
44	1923年11月1日	104	22	21.2%	57
45	1923年12月1日	104	20	19.2%	26
46	1924年1月1日	159	36	22.6%	65
47	1924年2月1日	104	18	17.3%	46
48	1924年3月1日	102	17	16.7%	33
49	1924年4月1日	104	22	21.2%	47
50	1924年5月1日	104	22	21.2%	44
51	1924年6月1日	104	21	20.2%	40
52	1924年7月1日	106	19	17.9%	31
53	1924年8月1日	168	19	11.3%	31

毎に一つづゝ発表してゐてはいくら老練で精力家の先生方でもそう、何時までも種続きはしないでせう。（略）将来有望の脚本作家を募集して、それを歌劇脚本生徒として養成して見たらどうでせう。

（高田はじめ43二三・一〇）

また、三〇号台の前半では、生徒を野球対抗戦や、鳥の名、電車の停留所にたとえて番付風に並べるものが流行った。「何時見ても厭な気のするのは高声低声にある番付の様なものだ」（草の夢34二三・二）など、この形式の投稿に対する反対意見も出される。

特定の生徒宛てのファンレターは減少していく。これは投稿そのものが減ったのではなく、おそらく編集部内で没書が行われた結果であろう。そのような傾向には、以下のように賛否両論があった。

●此頃の高声低声欄は大そう変革を来して真面目な——中には以前通りいやに甘いのもあるが——批評讃美が当欄を飾る様になつて来たのが著しく目につきます。これは投書家諸君の高声低声を有益に利用すると云ふ自覚と、編輯者の努力の結果だと思ひます。

（上総子37二三・四）

●なよなよしい「ですわ」式の文章が選者先生の御気に召さないのか、それとも遠慮深いしとやかさが女の常なので投書が少いのかどちらにしても、この貴い高声欄に女の方が少ないのは、女である私にとつて甚だ心細く、残念に思つてゐます。

（花木ひろ子42二三・九）

関東大震災の翌月に出された第四三号（二三・一〇）の「高声低声」では編集主幹の丸尾自ら、地震の御見舞と愛読者大会の延期を発表した。同時に丸尾は、読者からの面会の要望には、雑誌のことに関してであるならば、仕事の事情が許す限り応じる考えを伝えた。丸尾は、読者と積極的に交流をしようとした編集主幹だった。そして、「高声低声」が、劇団と読者の間の連絡板であることは、従来の通り守られていたことになる。

さて、一九二二年の後半から翌年にかけて、宝塚少女歌劇においても方向性を決定づけるような様々なことが起こるが、一三は、折に触れて国民劇構想を発信し続けた。まずは、「芸術第一義の立場から」㉗（二二・六）と題して、国民劇をつくり上げる前提として、演劇は文化事業であるから理想に固執せず、現実に立脚すべきことを語った。国家の秩序の維持を第一義とするとき、芸術を犠牲にすることはやむを得ない、国家を超越してまで芸術万能を主張する理由はない。ロシアを例に出しながら、いかに立派な芸術でも、人間生活の安定を破壊するならば、人々は幸福とはいえず、社会の秩序を破壊しない範囲での芸術の進歩を支持するとした。二章で触れた寺川信の論稿（一〇二ページ）にあったように、一九一七年のロシア革命以後、政府は演劇を使って社会主義思想を宣伝していた。一三は、このようなロシアの状況と、資本主義制度を敷く日本とを対比し、「私有財産制度が維持せられ、それによつて国民の幸福が保証されてゐる我国の現状に立脚」して、芸術を商品として扱うことで、芸術の進歩があると説いた。

ところで、当時、日本では天皇制国家の屋台骨であり、個人と国家とを結びつける役割を担っていた「家」制度が揺らいでいた。工業化が進み、農家の二・三男は故郷を離れて都市へ出て、そこで新しい家庭を築いた。家制度を支える祖先を尊敬し崇める心情が、おのずから希薄になり[1]、家制度は難しい局面を迎えていたが、完全に衰退することはなかった。近代化のうねりのなかで、強烈な他者である欧米と遭遇することで、家という観念が強まり[2]、第一次世界大戦を契機に、各国の決定がグローバル規模になると、さらにそれが強調されたからでもある。とはいえ、家制度が揺らいでいたことには違いなく、一三は、そのような状況下で出現した新中間層の家族を、自身のビジネスモデルの要に据えたのであった。一三が家族にこだわったのは、国の現状に立脚した上での経営戦略、つまり、近代的な家族の存在を意識してのことだったのではないだろうか。

第一章でみたように、一三は、新しいモダンなライフスタイルを模索する彼らにあった郊外生活を提供するべく、宝塚を含め、郊外開発に着手した経緯がある。そして、俸給労働者である夫に消費と休息の場を与えることに努めた[3]。一九一八年二月に箕面有馬電気軌道から社名を改めた阪神急行電鉄株式会社は、一九二〇年七月に梅田—神戸間の直通運転を開始、翌二一年九月には西宮北口—宝塚間開通[4]など、着々と事業を拡大していた。そのなかで、宝塚少女歌劇の経営方針は、「宝塚をして阪神間に於ける唯一の純潔なる、高尚なる、そうして一家打連れての行楽に最もふさはしい遊覧場たらしむる」（小林一三「生徒と其父兄へ」㉛二二・一〇）ことであった。仮に家族ぐるみで取り込むことができれば、観客の増員につながるのは自明のことであろう。演劇も事業とみなす一三は、「演劇興行改善に対する国民文芸会の意見を笑ふ」（㉜二二・一二）の中で、国民文芸会が演劇興行改善のために提起した二つの問題、すなわち、「興行時間を短縮すること」、「観覧料を安くすること」を解決するには、四、五千人を収容できる大劇場の開設しかないことを重ねて主張した。文学者や劇場関係者の興行改良の議論の実行性の低さが歯痒くてたまらないと一蹴し、自らの信念である大劇場主義を実現するべく、邁進していく。

家族をビジネスモデルの中心に置き、そのレジャーを想定すると、子どもも大人も楽しめる健全な場所が好ましい。つまり、家族で観ることのできる歌劇には、健全で「良妻賢母」規範を逸脱しないことが非常に重要なのであり、生徒には真面目さが求められた。一三は、音楽学校の校長として、生徒と生徒の家族にも、生徒が質素で真面目であることを徹底した。

学校組織であることも活かし、一九二二年六月五日に宝塚音楽歌劇学校運動会を実施した。無邪気で可愛らしい少女たちが、一生懸命に競技に取り組む様子は、『歌劇』に写真入りで特集された（「宝塚音楽歌劇学校運動会の記」㉘二二・七）。競技種目は、パン喰競争・綱引・買物競争などの定番から、絵画競争といったものや、音楽学校だけに写譜競争などユニークなものもある。裁縫の授業に関連してか運針競争などもあった。写真に映る生徒たちは、清楚な袴姿にたすきの格好で、また、音楽学校の先生である演出家たちもカンカン帽にスーツ姿で参加した。文面も、和やかな家族のような雰囲気と、内輪での盛り上がりを存分に伝えている。演出家と演者の集団が一つにまとまり、あるべき家族の姿を髣髴とさせる記事になった。

そして、一九一八年から毎年初夏だけ開かれていた東京の帝劇公演は、一九二二年は初夏と秋の二回行われ、秋の月組公演が終わる一一月三日には、伏見宮博恭《ひろやす》を筆頭に、九名の皇族が観劇した。伏見宮博恭は、ドイツの海軍大学校を卒業後、一九三二年に海軍軍令部長となり、一九三三年、統帥権拡大をめざした海軍軍令部条例改正により、軍令部総長となった。(5)

宝塚少女歌劇団の理事を務めていた吉岡重三郎は当日の模様を、「皇族方の御観劇を忝ふして我劇界に一新例を開きたる宝塚少女歌劇の光栄と祝福すべき芸術界の新機運に就て」(33)二三・一二という三行にわたる仰々しい題のもと、読者に報告している。吉岡は、その観劇を「真に光栄ある一新例」と位置づけ、明治天皇が毛利家の屋敷で市川団十郎の芝居を観たことはあっても、皇族が劇場に出向いて観劇するのは初めてで、大変珍しいことであると誇った。宝塚少女歌劇の少女たちが女優ではなく、宝塚音楽歌劇学校の生徒であることや、その学校の仕組みを丁寧に述べ、政府が推し進めた学校教育の枠組みにあることを、伏見宮一行に詳しく説明した様子もうかがえる。女が男に扮したり恋愛物を演じることで、ジェンダー規範を侵す可能性が問題視されるが、けして国家の秩序を乱す存在ではないことをアピールする意図があったのではないだろうか。皇族の観劇が実現したことは、国家に認められたというお墨付きとなり、少女だけの歌劇を維持する根拠たりうる。

この記事が掲載された『歌劇』第三三号の発売日一九二二年一二月一日は、伏見宮博恭の海軍大将の就任日だった。少女歌劇の無邪気で清新なイメージが、新たに海軍大将に就任する自身の、清新なイメージにつながるメリットが伏見宮側にもあったものと思われる。

両者の思惑が絡んだ皇族の観劇は、貴賓室での一行の写真が、「帝劇公演旅行のお土産話」(33)二二・一二)として、生徒たちの綴った日記にあわせて掲載される。遠足ではしゃぐ少女たちの無邪気さと重なって、読者にとっても、楽しく親しみやすかったのであろう。少女は、読者に、あるべき家族の姿を宣伝する装置として機能した。

続く一九二三年一月一日発売の『歌劇』三四号の巻頭は、前号で紹介したものと同じ写真が口絵を飾る異例の形でスタートした。このころの『歌劇』の口絵は、舞台衣裳を身に着けた生徒や舞台装置など、歌劇の雰囲気を伝える写真数枚であるのが通常であった。そこに伏見宮一家の写真が載るのは、皇族の家庭的なイメージを演出するとともに、一三が推し進めた家庭本位の劇の宣伝ともなった。その意味で、一家の写真の掲載は非常に重要な意味をもつ。わざわざ正月刊行の『歌劇』に再び掲載したことは、大正末期に、天皇一家の写真が元旦の新聞に掲載されることが恒例化していく動き(6)と連動しているのではないだろうか。新年を迎えるに当たって、今一度、国民に家族のあるべき姿を焼きつける効果をねらったのかもしれない。

家族や家制度への様々な思いが交錯するなかで、家族を常に意識して経営を進める一三のもとにあって、宝塚少女歌劇は、一三を家長とする疑似家族であった。実際に、一三は、生徒全員に自分のことを「お父さん」と呼ばせ、生徒を娘同然に可愛がった。(7)『歌劇』の創刊期に生徒の将来について「お嫁にゆく人もあらう、(略)音楽家にならうといふ希望の人もあらう、(略)私は少しも強ゐないつもりである」(「生徒の前途はどうなりますかといふ質問に対して」③一九・一)と語る一三は、娘の将来を心配する父親そのものである。[8]

家族のような雰囲気は、舞台にも現れたのであろう。

さも愉快さうに自分の力の及ぶかぎりで、純にうたつてゐるのも心持がよかつた。ことに小さい人々の無邪気さは嬉しかつた。そしてどこともなく、皆が、先生達をたよつて、信じてゐるやうなところが舞台的に出てゐるのも、嬉しかつた。（三嶋章道「宝塚を訪ひて」㊴二三・六）

三嶋は、ひたむきに無邪気にステージに立つ少女を褒めながら、その少女たちが、演出家を信じてついていこうとする姿勢に好感をもっている。演出家の先生＝男性によってつくられた枠組みのなかで舞台を務めていることは、観客を安堵させた。目上の者に従う娘を舞台上でも表現しており、家族のなかで父に素直に従うよき娘の像を提示しているようでもある。

第二節　少女歌劇と恋愛物

そのような娘の敵は恋愛であった。早稲田大学教授の安部磯雄は、「進歩か退歩か」（㉗二一・六）

という論稿を寄せる。安部は一九〇一年の社会民主党の結成や、のちに、多くの子を産み、生活に疲れた家庭女性たちが関心を寄せた産児制限運動にも関与した人物である。早稲田大学野球部長として渡米した経験がある安部は、少女歌劇も野球と同様に、技術よりも人格の修養が大切で、宝塚少女歌劇にもアメリカ公演を薦めたりもした（「野球と歌劇とを比較して生徒諸子に望む」㉜二二・一二）。
安部は、「進歩か退歩か」で、宝塚の脚本のなかでも《三人猟師》を賞賛し、日本舞踊と洋楽の調和、童話のような無邪気な脚本、演者があどけない少女であることに、少女歌劇の魅力を感じていたという。ところが、少女歌劇の演目は、無邪気な童話から、人情がかった恋物語に変わってしまった。それは、観客の多くが子どものような歌劇に飽きたか、あるいは演じる少女が純な娘から一人前の女になったために、童話劇に興味をもたなくなり、人情味のある芝居が好まれるようになったからではないか、と推察する。これを、「進歩か退歩か」見当がつきかねると、安部はいうのだ。言い分は以下の通りである。

少女歌劇は何処までも少女歌劇であつて、いつまでも童話の世界から足を踏み出したくない。余りにリアリスティックなものを取り入れると、其処に幾多の矛盾と不調和とが目について、折角努力してゐられるのにその骨折りが何にもならなくなつてしまふ。

少女の飾り気のないことを評価し、少女歌劇があくまでも少女歌劇であることを求めたのは、安部だけではない。不調和を生むリアリスティックとは、具体的には、既婚女性の髪型である丸髷をした生徒が舞台に登場することなどであろう。新婚夫婦がテーマの《噂》で、振付を担当した坪内士行は、観客の批判を受けて、みな同じ少女であるために、男になるものも、舞台の上ではお下げであった方がよいとまで述べた（「丸髷を論じて少女歌劇の将来に及ぶ」㉛二二・一〇）。さらに、お下げさえも不調和になるならば、少女組と中女組に分け、少女組は純な少女のままを保ち、中女組は二〇歳以上の舞台経験者で構成し、男優も交えて複雑で深刻な劇もやるべきだとした。少女歌劇の価値で大きな比重を占める少女であることを保つために、少女たちの成長にどのように対応するのか。また、長年見続けている目の肥えた観客たちをどのように満足させるのか。少女歌劇そのものの在り方が問われているのである。

恋愛を演じる少女歌劇への嫌悪は、一九二一年秋の花組公演と一九二二年春の帝劇公演でも上演した歌劇《田舎源氏》にもみられた。妾と本妻の勢力争いは少女歌劇の枠から出ており、「妾が気狂いになつて鬼のお面を被つてあばれ廻るつてのはアナクロニズム」で、それは脚本の退化にほかならず、「色つぽい台詞が多くなつたのには、私は寧ろ泣きたくなりました」（東京にて栗原勝一㉙二二・八）と、拒絶反応は強いものがあった。清新で無垢なのが旗印ではないか、少女は少女らしくあってほしい（大阪夕波㉙二二・八）と、頑なとも思われる投稿もある。

それでは、恋愛物によって演者や観客の少女が性に目覚めることを恐れる世間の風潮に抗してまで、恋愛を舞台に掛けた劇団の意図はどこにあったのであろうか。

『歌劇』の編集主幹であった堀正旗は、「学校教育に浸潤しつゝある歌劇観」（㉚二二・九）で、恋愛物を擁護してみせた。堀は、性の目覚めは、人間の内部から醸されるので、文芸から刺激を受けるというよりも、性の目覚めが先にあって、それから自然と文芸を要求するようになると考えるのが妥当だとする。だから、若い人に健全な文芸を示せば、性の目覚めを順当に導き、恋愛がいかに神聖なるものであるかを悟らせ、かえって男女間の関係を正しく保つことができると主張した。このころ、宝塚少女歌劇の影響で、歌劇をやる女学校が増え、東京女子高等師範学校で学生たちが、記念日の余興に、近松門左衛門の《梅川忠兵衛》と《曽根崎心中》を演じたところ、貴族院で問題となり、学生の責任が問われた。この一件について、堀は、近松の作品に描かれた遊女の恋愛感情は純粋で高潔であり、非難どころか推奨すべき点が多いとした。貴族院の非難に耳を貸さない勇気がほしかったと、学生を守れなかった学校当局者を批判する。その上で、歌劇団の公演は音楽歌劇学校の生徒が、学校で習得した技芸を実地に舞台の上で発表するにすぎず、女学校の発表会と同じである。女優ではない学校の生徒が演じる恋愛物は容認されるという見解を示した。

たしかに、宝塚情緒の代表作、《お夏笠物狂》は悲恋物でありながら、名作として、「高声低声」に度々その名が挙がることからしても、すべての恋愛物が嫌われたわけではなく、人々の判断には、脚本や舞台装置、演者や演出法などの要素が絡みあう。恋愛を描いて非難されるか否かは、宝塚情緒の有無が関係しているのかもしれない。岸田辰彌は、「久松情緒」ともいわれた久松の作品は、人間性の苦悩を題材とする傾向が強い（「久松一聲氏の作品の傾向」㉛二二・一〇）と分析した。しかも、情慾のなかで最も激しく人間の内部を動かすものが、愛慾の悩みなのである。久松は、観客が感じている苦悩や欲望を、登場人物にうまく重ね合わせて舞台上で表現したのではないか。それが観客の共感を呼ぶ理由について、岸田は重要なヒントを提示する。

> 近代生活に於ける個人対社会の抗争は、個人の意志が外部の生活から圧迫されるために起つて来る反逆の抗争であるが、（略）死といふ深秘的な威力に対する一層空しい抗争も続けなければならない。
>
> 要するに圧迫や、形式や、偶像から逃れて、人間が自由に生きやうとする甲斐甲斐しい努力、しかもそれは空しい努力であつて、その努力の貫かれないところに生じて来る人間の悲惨なる苦悩、これが近代生活の基調であり、同時に近代劇の基礎を形成してゐるものである。

岸田のこの記述は、大正デモクラシー期に、日本を覆っていた雰囲気を写している。明治期には国家と国民とが、精神の上で密着した関係にあったが、大正期に入ると、国家を相対化しようとする姿勢がみられるようになる。個人が、厚く立ちふさがる国家の壁を突きやぶろうとするが[10]、果たせない状況が続く。

たとえば、白樺派は、個人を生かすことで人類の意志を実現しようとした。武者小路実篤は、人道主義を推し進め、一九一八年一一月に宮崎県児湯郡で「新しき村」の建設を試みた。資本家でもなく、労働者でもない人間らしい生活を目指すも、労働の困難、劣悪な土地条件、災害の影響が立ちはだかる。結局のところ、現実の社会制度のなかで個を生かすにはどうしたらよいのかという批判を欠いていたため、失敗に終わった[11]。

自身の生活や身の回りの環境と向き合っても、解消しないフラストレーションを、米騒動や労働問題などに転嫁する人もあれば、世間から逃避してしまう人もあったはずである。宝塚少女歌劇は、後者の人たちに不満からの逃避の場を与えていたのであり、国家の壁を前にして報われない努力のむなしさが、苦悩を描いた作品が好まれることにつながったのではないか。虚無感にとらわれた観客は、自分自身を少女歌劇の舞台に投影させて、共感を覚えたのではないかと考える。無垢な少女たちの明るい舞台は、急速に進む都市化の中で、それに追いつくことができずに疲弊する人々の癒しとなっていた。

都会に暮らす人が、宝塚に寄せる思いを語った次の一文は、その裏付けになろう。

今、自分の生活は、東京といふ総ての点に於て、日本で一番激しい活動の行はれてゐる、その活動場裡にあつて、文字通り絶えざる疲労と苦悩と焦燥に他ならない。半病人のやうに色を失つた自分の瞳は、なにかにつけて安息と慰楽に憧れ、その度に過ぎ去つた日のことを憶ふ。そして最も忘れられないのが宝塚のことで、その激しい憧れこそは、必らずパラダイス宝塚へ向つて放たれるのである。言葉を換へるなら、それは第二の故郷への Nostalgia であらう。

（柳川紅夢「宝塚少女歌劇へのNostalgia――東京通信　其一」㉜二二・一二）

筆者の柳川紅夢は宝塚に在籍していたのだが、やがて東京に帰り、そこで感じた疲労などを、宝塚に思いを馳せることで浄化していたのである。また、この前段で、柳川は宝塚を「実在の世界でなく、観念の世界」と表現している。柳川のいう「観念の世界」とは、少女歌劇の舞台を思い出して得られる、すべてのものを包み込むような安らかな気分である。柳川のように短い間でも住んでいたことがあれば、宝塚を第二の故郷とするのは穏当であるが、たとえどこに住んでいたとしても、宝塚を観たことがある者であれば、宝塚がふるさとであるような感覚を抱く可能性を示している。

当時の宝塚歌劇の観客は、京阪神地方において、上流社会の人々や職工労働者に至るまであらゆる層とみられる（堀正旗「民衆劇としての宝塚少女歌劇」㉜二二・一二）。帝劇上演曲目の懸賞募集成績発表（㉜二二・一二）でもその当選者は、神戸市・大阪市・大阪府・京都と阪神間の住民が多いことは確かである。この地域は、明治初期に移り住んだ裕福な商家である旧中間層と、俸給生活者である新中間層と、大阪の工業化が進んで、新たに流入してきた労働者などがいる土地柄であることはすでに第一章で述べたところであり、帝劇公演が始まって以降は、これらに東京の人々も加わることになった。観客の多くを占めたであろう都会の新中間層は、夫が企業から得た給料をほぼ唯一の収入源として生活しており、経済上の変動や突然ふりかかる災難に対して脆弱であった[12]。脆さを自覚していたからこそ、将来に対する漠然とした不安や陰鬱な気分を、少女歌劇を観ることで癒し、心の平穏を保っていたのではなかろうか。「あの川、あの流がなかつたならばこのやうな詩境は決してこゝに出現しなかつた」（澄けんじ32二二・一一）という投稿があるように、武庫川を中心とした宝塚の風光明媚な環境も、癒しの効果を促進した。現実の不安や疲労を癒す宝塚は、いつしか人々の心に、ノスタルジアを目覚めさせた。それには『歌劇』が作用した部分もある。

なつかしいなつかしい宝塚に遠く離れた、東都に居る身にはこの美しい『歌劇』が唯一の慰めで嬉しい物なのでございます。（星優梨子31二二・一〇）

虚構の世界、宝塚への憧憬が、「なつかしさ」という言葉になった。これは空間的な隔たりのなかで使われる「なつかしさ」であるが、時間的な経過も「なつかしさ」を覚えるものになってきた。少女歌劇で恋愛物を演じることへの反対意見には、一九一〇年代の作品の再演の希望を伴うものがある。《三人猟師》《桜大名》など、その時期に上演した作品を挙げる者や、出演していた天津乙女を思い出しては、ノスタルディックな響きを帯びたすき透ったセリフに陶酔したものだ（田画島菊雄30二二・九）と懐古する者もいる。少女歌劇誕生から八年の蓄積が、過去の作品を「なつかしい」と思う気持ちを生んだ。これまで、愛おしいものに対する「なつかしさ」が主であったが、現代の我々が普段使うような過去を楽しく思う「なつかしさ」になりつつあることは注意を要する。

ノスタルジアに包まれて、一九二二年の夏から秋にかけての「高声低声」は、昔の作品の方がよかったという意見が目立つが、九月の月組公演では、一三が久々に池田畑雄のペンネームで書いた歌劇《丹波与作》が上演された。近松門左衛門が《丹波与作待夜の小室節》で描き、のちに《恋女房染分手綱》に改作された人形浄瑠璃の定番「滋野井子別れ」を題材にしたものだ。[13]滋野井（重の井などとも書く）は、乳母として仕えている家の幼い馬方の三吉が、自らの子だと知るも、立場上、母と名乗ることができず、そのまま別れていくという話である。別れの場面では、「母親は重井に同情して、幼い子供は三吉のいぢらしさに、若い男女は自分の親不孝さをつくづく思ひ出して泣いてゐた」（澄けんじ32二二・一一）という。老若男女問わず、家族で観ることのできる劇に仕上がっていたことがわかる。

《丹波与作》は、伏見宮一行が訪れた東京の帝劇公演でも上演しており、『歌劇』第三三号（二二・一二）の「文芸諸家の帝劇公演に対する批評」で、何人かに取り上げられた。

歌舞伎の松本幸四郎は「あゝやつてそんなに大した不調和も感ぜさせずに竹本劇を洋楽で演られたといふことは、私達にとつては大いに考へなければならないことでもあり、貴い教訓であつたと思ひます」（「一つの新しき発見」）と好意的な感想を寄せた。

一方で、「よく出来て居たけれど、私は何だか芝居じみてると思つた」（佐恵子32二二・一一）という観客もおり、その作風をよく思わない人もいた。岡村柿江もその一人であり、少女歌劇だけの価値を以下のように訴えた。

宝塚少女歌劇団の生命とも云ふべきものは、その無邪気な如何にもあどけない点にあるのであつて、舞台の上に躍動するやうな純真と溢れ出る清新な若々しさとが少女歌劇団の他に比類のない価値あるところだと思ひます。

（「《丹波与作》の上演は反対」）

無邪気で純真、この二つが少女歌劇の魅力であり、少女歌劇でしかみられないものを、岡村をはじめ多くの人々が求めていた。同じく帝劇で上演した、《山の悲劇》について、純であるべき少女歌劇の舞台上で、殺人の場面はよくない（まさき㉜二二・一一）といった意見も聞かれた。《丹波与作》《山の悲劇》への批判的な意見を凝縮したものが、以下の長田幹彦・南部修太郎の批評であろう。

●少女歌劇に尊ぶべきものは無邪気である。失ふべからざるものは純真である。そして少女歌劇はいつまでも所謂少女歌劇でありたい。

（長田幹彦「少女歌劇は無邪気を尊ぶ」）

●少女歌劇は少女歌劇らしく上品で、綺麗で、純真で、快活で、譬へ涙に濡れても甘い美しいセンチメンタリズム程度のところを越えない範囲で発達し、成長して欲しいものだと切に望む次第であります。

（南部修太郎「少女歌劇の誇りは甘く美しきセンチメンタリズムなるべし」）

無邪気なセンチメンタリズムが少女歌劇の条件だと考えるのは、ただでさえ、感傷的な側面をもつ観客の少女たちが、それ以上に感傷的になってはいけないから、という心配もあったのではない

【コラム】少女歌劇と絵葉書——その3

絵葉書屋

✣極く最近だ。とある道頓堀の絵葉書屋にぶら下つた宝塚の歌劇の生徒の写真が一枚あつた。近年盛んに素顔の歌劇生諸君の写真が巷間に、やすつぽく張り出される。そして其を後生大事に買込んで嬉んでる人も増えた。之れが近代的流行だらう。

（名無し生[35]二三・二）

✣初春の夜、まちのそゞろ歩きに、店々の繁昌を目撃した私、宝塚の隆盛を思ひ合せて、こんなものを作りました。ショーウィンドウと生徒さんとの対照ですの。（略）春日さん——人形店——まあ可愛らしい、あのお人形は踊りも上手よ。あら、歌までうたふわよ。（略）奈良さん——絵ハガキ屋——笑顔、泣顔、怒り顔、自由自在な貴女の表情を見てると、エハガキ屋へ来た様な気がします。

（園田佳子[47]二四・二）

《丹波与作》 重野井……初瀬音羽子

《山の悲劇》 右：スザンナ……春日花子
中：ペッドロ……生野道子
左：トニオ……奈良美也子

だろうか。編集主幹の堀正旗の知人である田中純も、少女歌劇の生命は純真であるとの立場で寄稿した。田中は、無邪気な少女らによる少女歌劇に対して、「なつかしみ」を抱いているとする（「少女歌劇の生命は純真にあり」）。純真であることが「なつかしさ」に結びつけられている。

無邪気で純真な少女のイメージを保つために、恋愛物が否定されるという構図は、『歌劇』において根強いが、恋愛物のすべてが否定されたわけでもない。先述の堀や岸田など劇団内部からの発言ばかりでなく、恋愛物が青年男子や子どもに有害であるというが、宝塚を観て不良になったという話は聞かず、宝塚少女歌劇が民衆娯楽であるなら、民衆の求める恋愛物を上演すべきであるとの意見（唐片木[37]二三・四）があった。さらには、「従来の少女といふ束縛された概念の範囲内にまで制限さるべきではない」（神崎京二「宝塚少女歌劇は永久に甘きセンチメンタリズムに終るべきか」㉟二三・二）と、センチメンタルを越えない程度での少女歌劇という意見に、真っ向から反論する者もいた。『歌劇』は、依然として少女歌劇の前途をめぐる議論が活発であった。

第三節　少女歌劇のブランド

広く読者の意見を聞き、かつその融和を図ることを目的として、雑誌『歌劇』愛読者大会を開くという予告が第三三号（二二・一二）に掲載された。愛読者大会の開催は、雑誌の成長や読者の増加を示す一つの指標となろう。一九二三年一月一七日午後五時から、宝塚新温泉第二歌劇場で、会費は無料、五〇〇名限定で参加者を募集したところ、当日の出席人員は約一千名と、予定の二倍の人が集まり、温かい家庭的空気の漲った会になった（「和気靄々たりし新年会と愛読者大会の盛況」㉟二三・二）。家庭的な空間が読者と主催者で共有されたことは、読者と少女歌劇関係者との距離をより縮めることになった。出席者からは、「愛読者の皆さん。どうかしてこの雑誌をもつともつとよくするためにお互いに一生懸命にならうではありませんか」（今西利一㊱二三・三）というメッセージが発せられる。これまで投書に対しての同意や反論は掲載されることはあっても、読者が直接交流することはなかった。愛読者大会は、読者間の結束を高め、生徒や劇団から読者までの一体感を強固なものにしたといえる。

ところが、愛読者大会が盛況裏に開催されてわずか五日後の一九二三年一月二二日午前二時ごろ、劇場から出火し、宝塚新温泉場は浴場を残して全焼した[14]。劇団はすぐさま中劇場の建設を始めるが、この火災で、一時的に劇場を失った宝塚少女歌劇団は、二月に呉市・広島市・岡山市で巡業公演を行った。引率した坪内士行は、広島公演初日の幕間に、食堂で、華やかだが、筋がわからなかったなどという、客の会話を耳にして、その感想を記している。

大枚弐円なり参円なりの金を払つて三時間も座り通して待つてゐてくれた客もあるのだ。それに対して自分の見せたものは何と云ふ方向違ひの、相すまん物であつたらう。此の無邪気な田舎人のために自分はもつと違つた、もつとあの人々たちの喜ぶやうな物を作ればよかつた。

（「地方巡業を終へて」㊱二三・三）

士行は、地方の現状を目にしたことで、地方に対するまなざしが変わったようだ。地方の人々を第一に楽しませ、日本国民全体のレベルを高めることが急務であり、もし国立劇場を計画するのであれば、まず北海道や九州に建てるべきで、東京や大阪は最後でよいと語った。文芸は民衆に与えられるものではなく、民衆が自ら要求して生まれるものである。地方の民衆が自分たちで建設した劇場で、自分の力を活かした作品を発表することを、士行は願った。劇場の失火に端を発した地方公演は、演出家に、以前にも増して地方を意識させるきっかけとなった。

ところで、広島で公演を三時間も待った観客の存在は、地方にも宝塚少女歌劇の名が知れ渡っていた証拠であろう。その知名度の高まりを示す事件もおきていた。佐賀の『歌劇』読者から劇団に手紙が届き、偽宝塚少女歌劇団の存在が発覚したのである。憧れの宝塚を観に行ったところ、悉く期待外れで、思いきって楽屋を訪ねると、知っている演出家はいない。不審に思ってプログラムをみると、そこには、中野興行社専属宝塚少女歌劇団松組公演と書いてあったそうだ（「宝塚少女歌劇団と称する団体の出現に就て」㊲二三・四）。この偽歌劇団は、大分日々新聞に、「宝塚歌劇の花形三十余名有楽館で開演」という見出しで、「大分市活動常設有楽館では別府入湯中の大阪宝塚歌劇の一粒選りの花形三十余名を特に招いて十二日から三日間（毎夜六時）開演するといふ。定めし人気を博するであらう」と紹介された。事態を重くみた宝塚少女歌劇団は、宝塚音楽歌劇学校の生徒たちが、学校で習得した技芸を実地に発表するために設けられた機関であって、けして興行を目的とする団体ではないと訂正する。さらに、宝塚を離れて地方へ出演するのは、慈善団体への寄付の目的で催される会の招きに応じたときのみであることも強調した。実際に、山陽地方への公演も、大阪毎日新聞社主催であった。

偽少女歌劇団の出現は、都市化する地域に対して、都市化からとりのこされる地域の構図をあぶり出しているように思われる。偽歌劇団の存在は、しばらく「高声低声」でも話題になった。宝塚側が呉区裁判所に業務妨害で告訴、犯人が東京で逮捕され、呉刑務所に移送されたという新聞記事を知らせた投稿（広島武生㊻二四・一）が載るのは翌年になってからである。その三ヶ月後、逮捕されたのは、元呉春日座興行主原籍大阪市東区内本町で逮捕時は東京市牛込区早稲田の早稲田劇場興行主であった中野豊二郎という男で、判決は罰金八〇〇円（求刑懲役六ヶ月）であった（呉　鳥羽聖行㊾二四・四）と報告される。この投稿が事実であるならば、都会の人間が、田舎の人々の都市への憧れにつけこむ形で偽歌劇団をつくったことになる。犯人が、単に利益を目的としてやったのか、地方の文化発展のためにやったのかまではわからないが、本物を観たことがなければ、偽歌劇団をみて喜んだ客もいたかもしれない。地方の農村の人々が、都会に住む新中間層が余暇で享受している宝塚少女歌劇に憧れを抱いたとしても不思議ではない。新中間層の、恒産なく夫の腕だけにすがらなければならぬ頼りなささえも、農村の人々には自由の境涯ともみえたであろう。[15] 偽歌劇団の出現は、都市と地方の間で広がっていた格差が、『歌劇』上に記録された点で、大きな意義をもつ事件であった。

同じころ、興味本位で生徒を扱う記事が出た。雑誌『講談倶楽部』に人気生徒若菜君子、春日花子、秋田露子、天津乙女の四人の初恋を捏造した記事が載ったのである。「恥しい私の初恋の思出」は、生徒自らが語ったように読める内容であったので、生徒の名誉を傷つけ、迷惑になるとして講談社を相手取り、訴訟を起こすこととなった（「『講談倶楽部』の記事に対し若菜君子外三名から訴訟を提起したる事に就て」㊴二三・六）。これまで、舞台上の恋愛物が論議の的になることはあっても、生徒の恋愛にまで話題が発展することはなかった。だからこそ、清新なイメージの生徒の初恋は、インパクトがあり、読者の興味を誘いやすく、雑誌の販売促進につながる。捏造記事が出回るほどに人気が出たということであるが、少女歌劇のブランドにかかわる問題であるだけに、劇団としては放置しておけず、提訴に踏み切った。

裁判で、講談社側は、劇団と関係の深い大阪毎日新聞が発行する婦人向けの本に、宝塚少女歌劇の少女は、女優であると書いてあったから、いい加減な記事を出してもよいと思ったと述べたそうだ。この発言からも、女優蔑視の風潮が残っていたことは明らかである。最終的に、宝塚少女歌劇、講談社の双方に関係のあった大阪毎日新聞の仲裁で、同紙上に名誉を回復する記事を載せることで和解した（「講談倶楽部に対する訴訟の仲裁に就て」㊷二三・九）。無邪気な少女という少女歌劇のブランドはかくして守られたのである。

劇団は、このようなブランドを根付かせるために、ファンの協力も仰いだ。宝塚新温泉の失火は、思わぬ形で一三の掲げる大劇場主義の実現に向けて大きく前進させることになったが、大劇場が建てば、観客動員は大きな課題となり、固定客であるファンは欠かすことができない。「高声低声」に個々の生徒への思いを綴った手紙調の投稿が多く掲載されたことが物語るように、個々の生徒の人気は、少女歌劇を支える揺るぎない力となっていた。生徒への応援を過熱させていくファンに対して、一三は、「生徒を可愛がつて下さるお友達の方々へ」(35)(二三・二)と呼び掛けた。ファンを友達として、その接し方で三種に分類した。

(一) 音楽学校に入る前からの知り合い、同窓生などで手紙をくれるお友達
(二) 同窓生、幼馴染など、日曜に観劇して差し入れなどをするお友達
(三) 活動写真を観に誘ったり、鰻を御馳走したり娘と同じように可愛がるお友達

そして、物質的に御馳走したり、プレゼントをしたりするのではなく、「精神的に指導して頂きたい」と要望した。なぜ、急にこのような話が出たかといえば、生徒の父親から帝劇公演にお金を使い過ぎるとの指摘を受け、調べてみると、生徒たちは普段可愛がってくれるお友達に大量にお土産を買っていた。生徒に注意しても、一年に一度くらいはお礼をしたいと結局買ってしまうので、

一三は、ファンが自制するように求めたのである。一三の望む精神的な指導とは品位を高めるものであった。

身体を大切にするやうに、声を痛めぬやうに、食過ぎぬやうに、寝不足にならぬやうに、虚栄に同化せぬやうに、贅沢なものに近づかせぬやうに、人柄の高尚になるやうに、世間の浮いた女優の風彩の真似などせぬやうに、さうして、清く、美しく、楽しく暮すやうに――

一九四〇年に宝塚歌劇団と改称し、今もそのモットーとして広く一般に知られる「清く正しく美しく」が、早くも形になりつつある。少女歌劇が懸命に守ったブランドは、現在まで大切に受け継がれているのである。

第四節　関東大震災と少女歌劇

『歌劇』は、一九二三年七月刊行の第四〇号から堀正旗に代わり、丸尾長顕が編集主幹に就任した。丸尾は「高声低声」に、第二回愛読者大会や、高声低声会なるものを開催して投書家たちの御名論を拝聴したいと、編集主幹交代の挨拶を載せた。

第四〇号の羽室絢次郎の「芸術の永遠性を理想として」は、宝塚少女歌劇の本質をつく鋭いものであった。羽室は、オペラは現代人の保持する生活苦や階級闘争の問題を超越したものであらねばならないとする。一九二〇年の戦後恐慌は政府の救済で一応おさまってはいたものの、その後も不況が続き[16]、人々の生活は苦しかった。資本主義の達成により、都市のブルジョアジーは政治的自由への渇望を増大させる一方、打ちつづく不況と様々な矛盾を農村が一手に引き受けざるを得ない状況に陥った。資本主義に対して強い懐疑や危機感を抱いた者は、閉塞感を打破するべく、マルクシズム、アナキズム、ファシズムなどに傾倒していくことになった[17]。羽室は、こうした問題を超越したところにオペラがあり、宝塚の歌劇はその点、幾分か優れた感じがするとして、以下のように述べた。

しかしその超越の仕方は、(肝心《かんしん》の現象なまなましいところの問題)に触れず、最初から唾棄してかゝつた質のもので、その態度は飽迄も逃避的である。だから結局その潔癖(美感)らしい情緒は、ブルヂヨアの享受するところの特権となる。

宝塚少女歌劇と世相との関わりを読み解く上で、この羽室の指摘は重要である。つまり、宝塚少女歌劇は、生活苦や階級闘争の問題の核心に迫らず、そこから逃避的な態度をとっている。それゆえに、宝塚情緒なるものは結局のところ、ブルジョアジーの享受するものに留まっているという。問題の核心には迫らない劇に加えて、無邪気な少女が演じることとは、元来、歌劇の逃避的な性格をより強め、都市のブルジョアジーをも癒すこととなった。宝塚少女歌劇の観客が、新中間層だけでなく、ブルジョアジーもなかには含まれていたであろうことを考えれば、少女歌劇は、ブルジョアジーが階級闘争などに感じる不安を緩和する役目を果たしたといえる。

次の第四一号（二三・八）で、宝塚情緒を代表する久松の作品を考察した中沢ひろしは、華やかな総踊り、合唱、人の動かし方、舞台上の技巧のうまさを解説し、色彩と光線と音楽との融合のなかに様式化された絵画的な舞台面の巧緻を評価した（「『久松情緒』の諸断篇――貧しき小考察」）。気分劇こそ宝塚少女歌劇の華であり、久松情緒の美しい生命であるともいう。舞台を彩る美しさに浸り、なんとなく気分が高揚する劇であるからこそ、ブルジョアたちは魅了されたのであった。宝塚情緒＝「なつかしい」宝塚は、逃避的な宝塚でもあった。

同じ第四一号で、前編集主幹の堀正旗が取り上げたのは、有島武郎の死である。有島は、父から受け継いだ北海道狩太の農場を、一九二二年、小作人たちに解放した。しかし、自身の階級が未来につながらないとの苦悩を捨てきることはできず、翌一九二三年六月、その命を絶つ[18]。人妻であった波多野秋子と恋愛関係になった末の情死であった。このころ、知識人たちは、「無産階級」の立場に少しでも接近するべく苦闘していた。米騒動以後、社会運動の高揚とロシア革命後のマルクス主義の流入は、知識人たちに、社会の変革にいかにして関わるかという課題をつきつけていた[19]。有島の死は、自らが無産階級に接近することへの希望を喪失した結果であった。

堀は「有島武郎氏の死と少女歌劇の前途」(41)二三・八)で、有島との出会いから語る。芸術座の座員であった堀の兄が、堀を有島に引き合わせた。医者の家に生まれ、キリスト教の信者であった堀は、体調を崩して学校に行けず、家で書物を読んでいるうちに、キリスト教の信仰について悩みが生じた。有島に相談すると、有島は、「現在の私は無神論者である」と告げたという。その後、有島は一九二二年一月に雑誌『改造』に「宣言一つ」を発表、知識階級の苦悩を語った。同年秋に再会した堀は、有島の思想的な変貌に驚く。人生を肯定していた有島が、「人生に対する否定者」になっていた。世間ではその情死を非難するが、生前の有島を人格者として祭り上げたことが死にいたらしめたと、堀は指摘する。

本来、少女歌劇と有島の死は無関係なことであるが、敢えて堀が、その二つを結びつける論稿を発表したのは、生前に崇拝されたことが有島の悲劇の原因だとすれば、少女歌劇の前途にも心配があるからだという。イメージに縛られることによって、少女歌劇にも悲劇が起きるのではないか。無邪気で家庭的なものとして定着することで、人々は多くの欠点と矛盾を快く見逃しているにすぎない。少女の純真さばかりが強調される宝塚少女歌劇の逃避的な側面が、政治的に利用される可能性があることを、劇団内でどれだけの人間が認識していたであろうか。堀は、世間の空気を敏感に感じ取りながら、宝塚におしよせる危険を警告したのである。

世間に満ちていた不安は、関東大震災を機に一気に爆発した。一九二三年九月一日、関東地方を大地震が襲った。震源は、相模湾の北西部で、マグニチュードは七・九であった。昼時の一一時五八分に起きたため、死傷者の大半と罹災家屋の半分以上が火災によるものであり、「震火災」とも呼ばれた[20]。

この大地震に遭遇した際の状況を、二代目主幹の寺川信は、「実際に自から遭難してみると、自分の狭少な周囲か自分自身のことしか解りません」(「剪燈新話」大地震に遭難して㊸二三・一〇)と振り返った。自分の周りしかわからない不安や混乱のなかで、朝鮮人が暴動を起こしたなどという噂が広められ、人々はさらに深い混乱に陥り、民衆による朝鮮人虐殺も行われた。

大震災に見舞われたことで、より深い不安感が世間を覆うようになった。その不安が『歌劇』に落とした影を、表紙にみてみよう。表8は、表紙の絵の構成をまとめたものである。

当時の『歌劇』の表紙は、左半分に誌名・号数などが縦書きで記され、右半分に装画が施されていた[21]。『歌劇』という題字は、第一九号までは細く小さめであったが、第二〇号から太く大きく記された。装画は創刊間もない時期に花のみの例がある以外は、ほぼすべてに少女が描かれている。縦長の画面の制約からか、描かれているのは一人だけで、ほとんどが全身像である。絵そのものは、裏表紙の半分程までかかっているが、そこに人の姿がみとめられるのは第二四号と第三六号のみで、背景を詳細に描きこんだものも少ない。あくまでも、一人の少女をテーマにしていることがわかる。

作者は判明しているだけで六名おり[22]、表情の特徴などを統一的に述べることは難しいが、小顔で脚が長いものが多い。ワンピース姿の可憐な少女のほか、ピエロ風やアラビアンナイトのお姫様のような衣裳、タイツやパンツ姿のものもある。直立不動ではなく、みなポーズをきめて躍動感があり、小太鼓やヴァイオリンなどの楽器を奏でる少女や、踊っている少女の姿からは、少女歌劇の少女がモデルとなっていることが想像される。たとえば、第二六号の壺を持っている少女は、一九一八年夏期公演（七月二〇日〜八月三一日）で上演された《クレオパトラ》に出演した際の篠原浅茅に似ている。舞台を彷彿とさせる表紙は、「なつかしい」宝塚へと誘うようで、読者は『歌劇』を手にした瞬間から、少女歌劇の雰囲気を感じ取り、気分が高揚したのではなかろうか。「高声低声」にも「やつぱり少女歌劇はそれらでしたわしく、可愛いゝ少女の表紙を望みますの」（東京星優梨子㉜二二・一二）など、表紙についての感想が寄せられている。

色調の傾向は、創刊から一九二二年ごろまでは、暖色系の明るい表紙が多くみられた。ところが、一九二三年に入るとブルー系など薄暗い印象を与える配色が増えていく。そして、関東大震災が起こった一九二三年九月一日は、『歌劇』第四二号の発行日であった。その後に出た第四四号では、不安定な崖のような場所に腰かけた少女が描かれているが、後ろ姿で表情はまったく見えず、第四五号の少女は天を仰ぐような構図で、むなしさが伝わってくるとともに、どこか救済を乞うようでもある。年が改まった一九二四年正月の第四六号では、それまでの表紙の少女たちとは異なり、全身が読者から見て右向きに描かれている。これまで左向きに描かれてきた少女たちは、タイトルに向き合う形になり、読者を雑誌の中に導く効果が期待できよう。反対に右を向いた少女は心が離れている印象をもつ。この時期の表紙は、暗く重いものを背負ってうつむき加減で愁いに満ち、終末

27	1922.6.1.	少女	全身立像	左 / 左	キャプリーヌ•マント•ショートパンツ•タイツ•小太鼓	窓•月•(植木鉢に観葉植物)	森田久
28	1922.7.1.	少女	全身立像	正面 / 正面から右	ターバン•ハーレムパンツ	(ピラミッド)	森田久
29	1922.8.1.	少女	全身立像	左 / 正面から右	ターバン•ハーレムパンツ•ヴェール	(モザイクの壁)	森田久
30	1922.9.1.	少女	全身立像(踊る)	右 / 左下方	帽子•コートの下にハーレムパンツ?	落ち葉•(木)	八重木和雄
31	1922.10.1.	虫の精?	全身立像	左 / 正面	…	草•落ち葉	不明
32	1922.11.1.	仮面の人形?	全身立像	左 / 左	…	船	不明
33	1922.12.1.	少女(シルエット)	全身立像(背面)	左 / 左	ヴァイオリン	(少女の影)	SANAE
34	1923.1.1.	少女(線描)	全身立像	左 / 左	一枚布のトガ風	(ピラミッド)	SANAE
35	1923.2.1.	少女	全身立像	左 / 正面	帽子•マフラー•半コート•ひざ丈のプリーツスカート	木と落ち葉•石造の建物	八重木和雄
36	1923.3.1.	男姿(シルエット)	全身立像	左 / 不明	着物•刀	桜•(着物姿の女のシルエット)	不明
37	1923.4.1.	少女	全身立像	左 / 正面	着物•花笠	桜	森田久
38	1923.5.1.	少女(シルエット)	半身座像	左 / 左	ギター?	ドームなど建物•(月・ゴンドラ)	不明
39	1923.6.1.	少女	全身立像	正面 / 左	キャプリーヌ•ピエロ風	…	不明
40	1923.7.1.	少女	全身立像	左 / 正面から右	ロング丈のワンピース	バショウの葉	森田久
41	1923.8.1.	少女	全身立像(背面)	左 / 左	ロング丈のワンピース	水辺?	森田久
42	1923.9.1.	人魚	全身	左 / 正面	…	海藻•泡	不明
43	1923.10.1.	少女	全身立像	左 / 正面	ロング丈のワンピース?	山?	森田久
44	1923.11.1.	少女	半身座像(背面)	左 / 左下方	ワンピース・ギター?	根のはった木•崖	不明
45	1923.12.1.	少女	全身立像	左 / 左上方	頭にショール•エプロン•ロングスカート•裸足•ギター?	落ち葉•(丘の上に神殿風の石柱)	不明
46	1924.1.1.	少女	全身立像	右 / 右下方	ロング丈のワンピース	円柱	鈴木久
47	1924.2.1.	少女	半身像	正面 / 正面から右	ベレー•オペラグラス	…	田辺正一
48	1924.3.1.	少女	全身立像	左 / 左	肩にショール•ロング丈のワンピース•花	(草花)	野島一郎
49	1924.4.1.	少女	全身立像	左 / 左	着物•扇	桜	田辺正一
50	1924.5.1.	少女	半身座像	左 / 左下方	ベレー•リュート?	…	田辺正一
51	1924.6.1.	少女(シルエット)	全身立像	左 / 左	ひざ下丈のスカート•レースのショール	葉	田辺正一
52	1924.7.1.	少女	全身立像	左 / 左上方	襞襟にピエロ風	石の台座	不明
53	1924.8.1.	人魚	全身	左 / 正面から右下方	…	海藻•魚•泡	田辺正一

●確定できない要素には?をつけた。●体と顔（視線の方向を含む）の向きはそれぞれ読者から見た方向で示す。
●衣服の特徴は現在通行と思われる用語で表す。●主に裏表紙に描かれたものは背景の欄に（　）で括り示す。

表8　『歌劇』の装画

号	発行日	画題	姿勢や動き	体 / 顔の向き	衣服の特徴や持ち物など	背景	作者名
1	1918.8.15.	少女	全身座像	左 / 正面	キャプリーヌ• ひざ下丈のワンピース•小鳥	(提灯)	森田久
2	1918.11.3.	少女	全身立像 (背面)	左 / 正面 (見返り)	頭にスカーフ• ひざ下丈のワンピース• レースのショール	(草)	森田久
3	1919.1.1.	少女	全身立像	正面 / 左	ピーターパンハット•燕尾服• マント•タイツ•ギター	窓	森田久
4	1919.4.17.	アネモネ	…	…	…	(アネモネの蕾)	森田久
5	1919.8.1.	少女	全身立像 (バレエ)	左 / 左上方	髪飾り・チュチュ	(衣裳の蝶の羽)	森田久
6	1919.11.1.	ヒマワリ	…	…	…	…	森田久
7	1920.1.1.	紅い実	…	…	…	…	森田久
8	1920.3.20.	フリージア	…	…	…	(フリージアの蕾)	森田久
9	1920.6.16.	ユリ	…	…	…	(ユリの蕾)	森田久
10	1920.8.22.	キスゲ	…	…	…	…	森田久
11	1920.11.27.	少女	全身臥像 (頬杖)	正面 / 正面	帽子	人形•(草)	不明
12	1921.1.1.	少女	全身立像	左 / 左	頭巾•エプロン•上着• ロング丈のギャザースカート	木• (教会などの建物)	不明
13	1921.3.1.	少女	全身立像	左 / 左	帽子• スカートの下にハーレムパンツ?	水辺に船の玩具• 草花	不明
14	1921.4.1.	少女	全身立像 (踊る)	左 / 正面	チロリアンハット• ワイドパンツ	(踊る犬と猫)	不明
15	1921.5.1.	少女	全身立像	左 / 左下方	髪飾り•ロングドレス	格子越しに庭園	森田久
16	1921.6.1.	少女	全身立像	左 / 正面から右	帽子• ロング丈のティアード スカートのワンピース	(山?)	森田久
17	1921.7.1.	少女	全身座像	左 / 正面	山高帽•襞襟にピエロ風	星•(提灯)	森田久
18	1921.8.1.	少女	全身立像	左 / 正面	頭にスカーフ• 腰にサッシュベルト• サブリナパンツ•ブーツ	石の階段	森田久
19	1921.9.1.	少女	全身立像	正面 / 左	ベレー• ひざ丈のノースリーブの ワンピース	波	森田久
20	1921.10.1.	少女	全身立像	左 / 正面	キャプリーヌ• ミニ丈のワンピース• ハイソックス•ブーツ	草原•(木)	森田久
21	1921.11.1.	少女	全身立像	左 / 正面	キャップ•タイツ• ブーツ•小太鼓	塀越しに木•(家)	八重木 和雄
22	1922.1.1.	少女	胸像	左 / 左から正面	頭にスカーフ	…	八重木 和雄
23	1922.2.1.	少女	全身立像	正面 / 正面	ベレー•マント•カプリパンツ	道•(庭の石段)	森田久
24	1922.3.1.	少女	全身立像	正面 / 正面	ソンブレロ• 腰にサッシュベルト• ワイドパンツ	森• (たき火と 二人の少女)	森田久
25	1922.4.1.	少女	全身立像	左 / 正面	キャップ•襞襟にピエロ風	家•(街の遠景)	不明
26	1922.5.1.	少女	全身立像	左 / 正面	頭にヴェール• ハーレムパンツ•壺	草•(山)	森田久

観のようなものがみえてくるのである。

それでも一三は前向きであった。震災翌月には、『歌劇』で関東大震災を劇界革命の契機ととらえる主張をした。帝国劇場・新富座・本郷座・明治座・市村座、並びに新築中の歌舞伎座の罹災のため、理想的計画のもと、国民の芝居、民衆本位の劇場が建設され、その劇内容も変化し、一大革命が襲来すると早くも予見したのである（「劇界の革命来らんとす」㊸二三・一〇）。そこでもまた一三は、劇場建設の方針を大劇場主義に確立するより外に名案はない、と持論を展開している。大劇場にふさわしい国民劇をつくるために、実はすでに少女歌劇でもある試みを始めていた。

四千人以上を包容し得る大歌劇場は、これによつて、少女歌劇の演出法を変化せしめなくてはならない。貧弱なる少女達の声量を以て、広大なる劇場にふさはしい或物を創造しなくてはならない。

（小林一三「大劇場に伴ふ小劇場の経営」㊶二三・八）

大劇場構想によって、少女たちの公演で広い舞台を満たせる演出の変容を迫られることは必定で、一三は、そのための研究機関として小劇場を用意し、事業を離れて芸術性を高める場とした。小劇場は、一三にとっては、あくまでも自身の大劇場主義を実現させるための道具としてみなされていた。

震災を経験した寺川も、震災により劇界は大きな影響を受けると推測した。この震災によって芝居の内容が浅薄な享楽主義に堕ちることを、小劇場運動が阻止し、将来的には大劇場も、民衆を養う源泉として新たな演出に適したものを建設することになれば、今回の震災が必ずしも天譴とはいえないとした（「災殃と趨向すべき東西劇界の前途」㊹二三・一一）。

もちろん、このような将来的な話の以前に、救援活動にも積極的に取り組んだ。生徒たちは、帝劇公演で訪れた東京の街並みを思い出しながら、慰問袋を縫い（久方静子「慰問袋を縫つて」㊸二三・一〇）、劇団は、公演の収益を被災者に寄付したりした（瓦落苦多[43]二三・一〇）。募金のための慈善歌劇会にも出演した。

関東で起きた大震災は、関西の人々にとっても他人事では済まされず、震災直後、一〇〇万人以上の人々が東京を脱出し、中には関西方面に一時的に移住する者もあった。大阪市へ流入して来た避難民は四万人にものぼるとされ[23]、影響をもろに受けた形である。避難して来たのは、一般の市民だけではなかった。壊滅的な帝都の復旧は容易ではなく、劇場を失った東京の俳優たちは地方巡業に出るか、活動の場を求めて京阪地方へ流れてきたのである[24]。関東大震災が、宝塚少女歌劇にもたらした最大の出来事は、宝塚に歌舞伎の一座がやって来たことであった。

ここで少し当時の歌舞伎界について説明すると、明治を代表する名優九世市川団十郎・五世尾上菊五郎・初世市川左団次が、一九〇三年から翌年にかけて相次いで没し、団・菊・左を失った歌舞伎界は危機的状況であった。その後、役者たちの自戒と興行師の努力とによって復興に向かい、大正期に入ると、ようやく成長してきた若手俳優の清新な魅力が新時代の観客を集めることとなった[25]。

とくに六世尾上菊五郎は、父五世尾上菊五郎と九世市川団十郎の古典歌舞伎を受け継ぎ、初代中村吉右衛門と並んで名声をあげ、菊・吉時代を生み出した。その菊五郎を中心とした市村座の田村成義専務と岡村柿江が、宝塚歌劇場の開放を打診してきた。

一三からすれば、旧劇である歌舞伎の改良はかねてからの願いであって、その歌舞伎が自分の経営する劇場に来るというのである。このチャンスを逃すまいと、観覧料の低減と俳優の給料を減額しないという条件を提示した。この条件を満たすために、開幕から終演までを約五時間と短くし、東京では七円であった観覧料を二円、席によっては一円程度で見せることとなった。減額分を賄うには、興行日を増やして対応する。東京の市村座の観客は有産階級の人が多いが、宝塚の観客は、あらゆる階級を網羅しており、一大平民国のようだと一三は誇った(「宝塚と菊五郎との話」㊹二三・一二)。異なる観客層の前での上演は、劇界を改革して国民劇を創設しようとする一三にとってはよい実験であった。

もっとも、「なつかしい」宝塚、宝塚情緒という独特な雰囲気ができあがっている空間に、俳優がやって来ることにファンは反発を強めた。

私共の宝塚は清新なる娯楽場として家庭本位に心持よく出来上つてゐる。その気分の中へ役者がノソノソ這入り出すとせば、今迄親んでゐた宝塚の空気がドンヨリと濁りはしないかと、イヤな心持がする。

(とも㊹二三・一二)

このような感覚的な反対に対して、一三は旧劇改良への思いを述べ、あくまでも歌舞伎を家庭本位の、国民のすべてが容易に見物し鑑賞できるものにするためであると、理解を求めた（「菊五郎来宝の可否」㊺二三・一二）。その後も、「花柳芸術の謀叛人として」、「事業としての劇」、「市村座の若き人々へ!」、「六代目へ」、「私が松竹の経営者であつたならば」、「保存し得べからざる歌舞伎劇」と、立て続けに歌舞伎と国民劇についての持論を繰り広げた。これまで再三にわたって述べてきた、歌舞伎に西洋の音楽を入れること（「花柳芸術の謀叛人として」㊻二四・一）、一人あたりの観劇料を安くする分、収容力を補うための大劇場建設（「事業としての劇」㊼二四・二）を根幹に据えた主張であった。

菊五郎一座の来宝が実現してからも、宝塚のような大阪市外の片隅に、菊五郎一座がやって来たのは奇跡（「市村座の若き人々へ!」㊼二四・二）としながら、改革に容赦はなかった。歌舞伎劇すなわち旧劇を保存しようということは、国民の思想を旧態のまま保存しようというにほかならず、保存し得べからざる歌舞伎劇と非難した（「保存し得べからざる歌舞伎劇」㊾二四・七）。経営の側面からすると、松竹が旧習に囚われていた方が、自分たちは有利なのだが、国民の利益のために、一流の芝居を手軽にみせるようにしたい（「六代目へ」㊽二四・三）と希望も伝える。[26]東京では、震災後、これまで富裕層を対象に発展してきた百貨店が、安売りを目玉とするようになり、階層間の垣根が外されつつあった。一三は、宣伝せずとも、市村座の芝居に、帝劇のようなブルジョアでなく、少女歌劇を観るような観客が集まったことを一定の成果とした。

関東大震災は、何事につけ地方の重要性を認識させることともなった。実際に震災に遭遇した寺川が、東京のみが日本の代表都市で、その他の都市は東京の地方であり、東京だけに日本の文化があって、ほかは東京に対する田舎であったことを改めたいと述べた（「剪燈新話」大地震に遭難して㊸二三・一〇）。一三も、日本の芝居を掌握している松竹の経営方式に対して、所有するすべての劇場を地方の有力者に開放するのがよいとした（「私が松竹の経営者であったならば」㊽二四・三）。

宝塚少女歌劇では、名古屋と京都で知識人を中心とした有志懇談会も開かれるなど（「名古屋と京都に於ける読者有志懇談会」52二四・七）、『歌劇』を媒介として各地の読者との結びつきを強めた。だが、その一方で、公演は宝塚で観たいという意見が多い。一九二四年二月二日、三日の月組の和歌山公演は、宝塚で観たことのある人が、懐かしさに誘われて出かけたのにすぎなかったり、生徒たちも宝塚での公演よりも真面目さを欠いた（S生[48]二四・三）ようだ。

宝塚、宝塚、この名に私はどんなに憧れていますか。このなつかしい宝塚、自然も人もすべてが美しいと聞く宝塚へ、この三月に行く事の出来る。私はどんなに嬉こんでゐるかしれません。其して宝塚気分を思ひきり味ひませう。

（S市芙美絵[49]二四・四）

宝塚の自然も人もすべてがあわさって、「なつかしい」宝塚が生成されているのである。宝塚情緒は、宝塚であればこそ味わえるものだという観客の心理もうなずけよう。

宝塚情緒は矢張り宝塚に行つて始めてしつくりと味はひ得るものであつて、決して他のところではぴつたりとした気持になり得るものではない!!

（北山かをる52二四・七）

宝塚の「なつかしさ」を考えるときに、虚構の世界タカラヅカへの憧れに加えて、宝塚という地が特別な意味をもったことも知っておかなくてはならない。

坪内士行は、一三に宛てて、将来の国民劇が西洋音楽を伴奏とする新歌舞劇であろうという考えは一致しているが、一〇年後の宝塚少女歌劇の将来と一三のいう国民劇を結びつけて考えたときに、宝塚少女歌劇も一定の型＝宝塚情緒という型ができているからこそ、何らかの方向転換をし、気分を変えなければならない時期にきていると忠告した（「小林一三氏に」50二四・五）。変革に向けて大事な時と考える士行は、少女歌劇の経営で生活している興行師ではない一三には、思う存分新鮮な気分を注入できる自由があるとして、「常に変化あれ、常に清新なれ!」というエールを送った。

そして、いよいよ宝塚少女歌劇に新しい風を吹かせる劇場が一九二四年七月一七日開場した。一三の念願であった宝塚大劇場である。明治維新以来、富裕層のものになっていた芝居を、民衆が取り戻すために、一三は劇界の改革を迫ってきた（「大劇場の反対者へ」39二三・六）。家族で観ることのできる劇にするためには、一人あたりの観覧料を下げることが必要で、最善の策として提唱していた、一度に多くの客を収容することのできる大劇場は、ようやくここに実現したのである。

八月一日に刊行された『歌劇』第五三号の大劇場落成特別号には、一三の喜びが溢れている。大劇場設立によってのみ解決されるとした国民劇創生の問題が、宝塚大劇場で研究され、国民思想の反映として生まれてくると、自信をもって宣言した（「大劇場の新築落成に就て」㊿三二四・八）。しかしながら、普通選挙に関する問題を例に出しながら、国民の多数派は、自ら定見があるわけではなく、思想が低級であるから、国民の趣向に盲従すべきものではないことも述べる。この一三の民衆観が、のちの時代にどのような影響をもってくるであろうか。

菊五郎の来宝は、一三の国民劇構想を掘り下げ、念願だった大劇場の完成は、宝塚少女歌劇に変革を現実的に迫ることとなった。宝塚情緒の生みの親ともいえる演出家の久松一聲も、宝塚少女歌劇には、演技上の約束がないのだから、大劇場になって劇場が広くて科白が聞こえないのであれば歌でいく、独唱で貧弱なら合唱にすると言った（「小林校長咄撃」㊾二四・四）。その試みの一つ一つが、少女歌劇が将来に向けて立てていく道標となるであろう。そしてそれは言うまでもなく、現在の宝塚に続くレヴューの萌芽であった。

注

（1）桑山敬己「大正の家族と文化ナショナリズム」季武嘉也編『日本の時代史』第二四巻・大正社会と改造の

潮流　吉川弘文館　二〇〇四年　二二七ページ
（2）同右書　二二五ページ
（3）鹿野政直「戦前・「家」の思想」『鹿野政直思想史論集』第二巻　岩波書店　二〇〇七年　一一〇ページ（初出一九八三年）
（4）阪急電鉄株式会社編・発行『七五年のあゆみ――記述編』一九八二年　一九ページ
（5）朝尾直弘・宇野俊一・田中琢編『角川日本史辞典』新版　角川書店　一九九六年　九〇五ページ
（6）北原恵「元旦紙面にみる天皇一家像の形成」荻野美穂編『〈性〉の分割線――近・現代日本のジェンダーと身体』日本学叢書・第二巻　青弓社　二〇〇九年　四七ページ
（7）ジェニファー・ロバートソン著　堀千恵子訳『踊る帝国主義――宝塚をめぐるセクシュアルポリティクスと大衆文化』現代書館　二〇〇〇年　二七ページ
（8）小林一三翁追想録編纂委員会編・発行『小林一三翁の追想』一九六一年　所収の「座談会「たからづか」の父小林先生」で、白井鐵造は「おやじさんには、そういうことが理想だったんですね。阪急社員と宝塚の生徒が結婚するというようなケース……。楽しい家族主義の雰囲気ですね。（略）どんな必要なスターでも結婚する場合は喜んで許してくれましたね」（五五三ページ）と発言している。
（9）前掲「戦前・「家」の思想」前掲書一三四〜一三五ページ
（10）鹿野政直「市民文化の興起と試練」鹿野政直編『図説日本文化の歴史』第一二巻・大正・昭和　小学館　一九八一年　三四ページ
（11）今井清一『日本の歴史』第二三巻・大正デモクラシー　中公文庫　一九七四年　二〇〇六年改版　一四九〜一五〇ページ
（12）前掲「市民文化の興起と試練」前掲書三四ページ

(13) 渡辺裕『宝塚歌劇の変容と日本近代』新書館　一九九九年　六九ページ
(14) 宝塚市史編集専門委員編『宝塚市史』第三巻　宝塚市　一九七七年　二七五ページ
(15) 鹿野政直「覇権をめざす都市圏」前掲『図説日本文化の歴史』第一二巻・大正・昭和　四三ページ
(16) 前掲『日本の歴史』第二三巻・大正デモクラシー　三七一ページ
(17) 前掲「戦前・「家」の思想」前掲書一一三ページ
(18) 前掲「市民文化の興起と試練」前掲書三六ページ
(19) 黒川みどり「「無産階級」の時代」大門正克ほか編『近代社会を生きる――近現代日本社会の歴史』吉川弘文館　二〇〇三年　一九一～一九二ページ
(20) 前掲「覇権をめざす都市圏」前掲書　四九ページ
(21) この表紙の体裁は一九二五年八月発行の第六五号まで続く。
(22) 山本久美子ほか編『虹の橋　渡りつづけて――宝塚歌劇一〇〇年史』人物編　阪急コミュニケーションズ　二〇一四年　二三六～二三七ページ。表8の作者名も同書による。
(23) 原田敬一「広がりゆく大都市と郊外」前掲『日本の時代史』第二四巻・大正社会と改造の潮流　二〇一ページ
(24) 当時の劇界について、坪内士行は「震災前の我が劇界がまさに行詰らんとしつゝあつたのは事実である。(略) 折も折、関東の大震災はその行き詰まりの状態へ黒幕を下ろした。今は混沌状態である。一切がバラツク芸術である」(「災後初年の劇界に」㊻二四・一) と述べている。
(25) 権藤芳一「多様化する民衆娯楽」前掲『図説日本文化の歴史』第一二巻・大正・昭和　一五四ページ
(26) 前掲「広がりゆく大都市と郊外」前掲書二〇六ページ

第四章

「なつかしい」宝塚

第一節　宝塚と「なつかしさ」の考察

ここまで、創設期の宝塚歌劇団を大正デモクラシーの時代のなかに位置づけることを試みてきた。一九二四年七月に創設者小林一三待望の宝塚大劇場が完成し、一九二七年九月に《モン・パリ》初演、レヴューの時代に入る。レヴューの導入は、ラインダンスや、豪華な羽根を背負ったスターが降りて来る大階段など、宝塚名物ともいうべき要素をもたらした。少女歌劇を大阪式のイヤ味があると嫌っていた谷崎潤一郎が、レヴュー開幕以後はファンになった（七八ページ）という事実は、少女歌劇とは別の観客を呼び込めたことを意味し、レヴューの登場は宝塚にとり大きな転換点であったことは間違いない。現代の観客からしても、レヴューに親しむファンの心理に、共通の基盤を見出すことはおそらく容易であろう。しかし、レヴュー以前の少女歌劇時代の観客に共鳴できる部分はあるのだろうか。

本書では、当時の観客の思いを、宝塚少女歌劇の機関誌『歌劇』に記された「なつかしい」という言葉を手掛かりに探ってきたが、第二章・第三章の考察を踏まえて、読者投稿欄「高声低声」に出現した様々な「なつかしさ」を、あらためて検討することにする。なお、巻末に、「高声低声」

から「なつかしい」「なつかしさ」の語を抽出した一覧表を掲載するので、参照していただきたい。「高声低声」の投書内容は、(一)ファンレター、(二)劇評、(三)劇場施設などに対するクレーム、(四)小論文、のほぼ四つに分類されるであろう。主に(一)のファンレターの中で使用された「なつかしい」を、現在使うことの多い懐旧の情の「なつかしい」と照らし合わせてみると、我々の言語感覚とは異なるものがある。

御慕しい高浜喜久子様、(略)去年の夏期公演、《江の島物語》の稚児音丸……たまらないほど今なつかしう御座います。
(大阪、都路生[4]一九・四)

これは「高声低声」に初めて現れた「なつかしい」の例で、特定の生徒に対し、昨年観た演目の役柄を思い出して恋しく思う気持ちを述べている。投稿の冒頭で、生徒の名前に、「御慕しい」としているように、お慕わしいという親愛の情も伝わってくる。つまり、この「なつかしい」には、親愛と懐旧が共存しているといえよう。親愛の情がより色濃く現れた投稿もある。やはり、高浜喜久子という生徒に宛てられた別の投稿を以下に引用する。

喜久子さま、ほんとに私はあなたが外のどなたよりもなつかしく思ひますの。(略)ほんとうに私の好きななつかしい喜久子様。優美な姿と美しい淋しい唄の高浜喜久子様よ。

（東都にて　名なし草⑩二〇・八）

大好きな生徒への熱い思いが溢れ出さんばかりである。ほかのファンレターに出現する「なつかしさ」でも、「心が惹かれて離れない」、「愛おしくてたまらない」といった意味で用いられることが多かった。

このような「なつかしい」の使用法は、第二章でも触れた吉屋信子の『花物語』にもみとめられる。『花物語』は、一九一六〜一九二四年の雑誌『少女画報』などに連載された短編小説集である。その中の純潔をテーマにした一編、「白百合」をみてみよう。

そもそも、白百合の花言葉が「純潔」である。純潔が、女子教育において、守らねばならない規範[1]と考えられるなかで、白百合は、明治末期から、女学校の校章や校歌に象徴として用いられた。それは白百合を聖母の花としてとらえたキリスト教系の女学校だけでなく、大妻のような非宗教系の女学校にも及んだ。[2]白百合に象徴される純潔は、「良妻賢母」へのモラトリアムとして形作られた少女の世界――ここには少女歌劇も含まれるわけだが、――において、不可欠なものと認識されていた。

「白百合」は、新しい音楽の葉山先生に主人公の少女が熱を上げるところから始まる。

なんでもかでも、なつかしい慕わしい大好きな先生のお名をいくつもペンでかかねば我慢が出来なかったのでしたもの。[3]

ミケランジェロの聖画マドンナにもたとえられるような葉山先生の美しさは、どんな美しい人にも比べられないという。葉山先生のためなら、焔の湖に喜んで飛び入る心を捧げたと、少女たちは熱く激しく憧れ、全校の生徒が「葉山病《シック》」になった。「高声低声」でファンが、宝塚を焦がれる気持ちを表した「Tシック」と同じ心持ちであろう。

しかし、音楽が得意ではない主人公は、葉山先生に近寄ることができない。葉山先生への愛おしさを、「お慕わしい」「なつかしい」と表現する以下の一文も、「高声低声」の投稿によく似ている。

これほどに、好きな先生お慕わしい先生——胸にはなつかしい思いを包んで打ち明ける事がどうして出来ましょう。(4)

ある日、主人公は、友人に映画に誘われ、寄宿舎には葉山先生の家へ遊びに行ったことにして、《噫無情》(Les Misérables)を観に行く。戻った二人を舎監が疑い、葉山先生に手紙で問い合わせたところ、葉山先生は、「草木の芽生のような貴女がたの生涯に黒い傷をつけないですむならば」と二人を庇《かば》ってくれた。まもなくして、体調がすぐれない葉山先生は、職を辞して郷里に帰ってしまい、憧れの先生との別れによって、少女は、儚い恋の時間は有限であることを思い知らされる。その翌年、葉山先生は亡くなり、「白百合」は純潔の語をもって結ばれる。

先生の清い愛の生命《いのち》を形取った白百合の花が（純潔）と囁いてこの土の上に咲くかぎりは、その花の姿と共に先生の、みこころは私どもの胸に永久《とこしえ》に生くるのでございます。(5)

『花物語』の全体を通して、親愛の情の「なつかしい」の使用頻度が高く、懐旧の意味での使用が少ないことは、「高声低声」と同様の傾向といえる。「白百合」にも、親愛の情を表す「なつかしい」という言葉が九回も出てくる。その「なつかしい」人を失うことで、主人公が新たな「なつかしさ」に気づく様子を追うと、親愛から懐旧までの語意の変遷もたどれるのではないだろうか。

逆に、原義が「なつく」(6)であることからすれば、「なつかしい」は親愛の情を表現するのに適切な言葉であったといえよう。現在でも「なつく」は、子どもや動物が懐くと用いられるように、「なつかしい」には、対象への親しみが込められていることがわかる。

親愛の「なつかしさ」が成立しやすい背景には、第二章で説明した、エスのような疑似姉妹関係がある。エスがsisterの頭文字のエスであるように、少女たちの関係は、親子の確固たる縦の関係ではなく、上級生と下級生のような、あくまでも「お姉様」と「妹」という緩やかな関係であった。親子関係では、上級生に憧れ、親しみ慕うといった感覚は生まれにくい。姉妹に擬せられる関係であったからこそ、そこに親しみが生まれ、親愛の情の「なつかしさ」につながるのである。「高声低声」からも、その心情のうかがえる投稿が拾える。

●こんなことから篠原君は僕にとつて一番なつかしい人だ、何んだか姉さんと呼んで見たいような。（西村暁雨⑭二一・四）

●天野香久子様、露子さまの次に好きな香久子様、（略）私はなんだかあなたがなつかしくてなつかしくて仕方がありませんの、妹の様に思はれますの、（大阪露香㉓二二・二）

●なつかしい住江岸子様、私は貴女とあのお美しい松子姉様、春日様との仲よい三人の崇拝者なのでございますが、（みづ子㉕二二・四）

右の引用のうち、最初の例は男性からのものと考えられるが、ほかの二つの例のように、親愛を示す「なつかしい」の頻出するファンレター形式の投稿者の多くは女性であると考えられる。彼女たちは、自分が好きな対象＝贔屓の生徒に対して、「なつかしい」という言葉を使って、自分の愛を表現した。「あゝなつかしい泉蘭子よ！」（鏡子⑪二〇・一二）、「懐かしい葉山先生のお宿のほとり」（『花物語』「白百合」[7]）と、個人の名前やその人物に関連する場所につけて用いる例も散見される。

自分が愛するものに向けて「なつかしい」というのは、現代の若い女性が、自分が好むものに対して、親しみを込めて「かわいい」という言葉を多用する現象とどこか似ているようにも思われる。「これかわいくない？（可愛いの意で）」と一人が聞けば、「かわいい！　かわいい！」と返答することで会話が成立する場面にもよく出くわす。「かわいい」を禁止したら、会話に支障が出るかもしれない。つまり、「かわいい」はコミュニケーションツールの一つとして確立しており、同時に、「かわいい」の共感が、仲間意識も生む。

この仲間意識は、「高声低声」の投稿者が、同じ生徒を応援する投稿者に対して、「なつかしい」と呼び掛ける例（一一〇ページ）と似ている。「なつかしい」という言葉は、当時の女性たちのコミュニケーションツールとして機能していたのであり、とくに宝塚ファンの「なつかしさ」の共有は、機関誌『歌劇』を介して形成された共同体を感じさせたであろう。「高声低声」の投稿は、良妻賢母規範の下で生きる女性たちにとり、自己の存在感を確かめあう場ともなった。

ところが、『歌劇』第二七号（二二・六）以降、ある生徒への親愛の情を意味する「なつかしさ」が減るのは、第三章でみた通りである。第二六号（二二・五）の最後に編集部から投稿内容への注文が出たこともあり（一一三〜一一四ページ）、香り高き文芸雑誌を目指すという、編集主幹の意向を反映した選書が主たる要因であろう。ファンレターの排除があることは、読者も敏感に感じ取っていた。先にも引いた「なよなよしい「ですわ」式の文章が選者先生の御気に召さないのか、（略）この貴い高声欄に女の方が少ない」（花木ひろ子[42]二三・九、一二五ページ）ことを嘆く投稿は、編集方針に苦言を呈するものであろう。ほかにも、観劇に訪れるのも「屹度女の方が多い」（芦原琴代[44]二三・一二）とか、高声低声会の出席者が男性ばかりであることに関連して「女には女の世界や気持が」あるのだから「女の人のための会を開いて」（板垣鶴代[50]二四・五）と、女性の立場を主張する投稿があった。それでも「なつかしい」と呼び掛ける女性特有のファンレターは減少し、代わりに投稿をめぐる批判の応酬などが増加した。劇評も「高声低声」の投稿でよくみられるものであるが、作品に対するものばかりではなく、生徒個人に向けての発言も多い。一例を挙げよう。

《田舎源氏》のプログラムを見てびつくり、舞台を観るに及んで更に失望しました。（略）第二場は音羽氏の六条の方は無理です。笹原氏でさへや丶物足りない感じを得させられましたのに、笹原氏より柄も小さく、声も立たず舞踊の練習の足りない音羽氏をお選びになつた先生方のお眼識には恐れ入りました。（大阪夕波㉘二二・七）

それは時に攻撃的な批評にもなったが、ある意味では生徒個人に寄せる思いの裏返しかもしれない。「なつかしい」とするか、批判するか、それは生徒個人への思いの質の違いであると同時に、表現の仕方の違いも含まれると受け取れる。

よくも悪くも個人に目が向く仕掛けが、少女歌劇の上演形態にあるのではないだろうか。主要公演で五つもの作品を上演することを通例にしたのは、それぞれは短時間のものになることが予想され、単純な作品にせざるをえない面もあったはずである。もちろん、少女たちの体力への配慮や技芸の未熟さを補完する意味があったかもしれない。結果として、多くの演目を舞台に乗せることで、配役の調査をせねば断定はできないが、より多くの生徒に目立つ役が振られた可能性はあるだろうし、観客の目に留まる機会にも恵まれたであろう。

加えて、宝塚は現在に至るまで新作主義を貫いている。一九二四年に完成した宝塚大劇場[8]は、一九九三年に建て替えられるまでの六八年五ヶ月の間に、上演された演目数は、実に一六八五本である[9]。これは、大劇場作品だけであり、宝塚大劇場に併設されたバウホールでの作品は含めていない。大劇場以前にさかのぼると、パラダイス劇場の演目数八四本、公会堂劇場の演目数九四本、宝塚中劇場の演目数六〇本であった。そこで演じられた主役級の役柄だけでも膨大な数になろう。無邪気なお伽歌劇や宝塚情緒が喜ばれた歌劇、華やかなレヴューまでジャンルは多岐にわたった。劇団は個々の生徒の活躍の場を用意したことになる。

そして、生徒とファンの関係にも目を配り、品格を求める劇団の姿勢を示したのが、第三章で紹介した小林一三の「生徒を可愛がつて下さるお友達の方々へ」（㉟二三・二、一四七〜一四八ページ）であった。九〇年前の少女歌劇時代の一三の思いは、現在でも大切に守られ、この文章は、年に一回発行される全生徒のプロフィールと顔写真が並ぶ生徒年鑑『宝塚おとめ』に、「生徒を可愛がってくださるお友達へ」と現代仮名遣いに直して掲載されている[10]。生徒一人一人を識別する基本的な情報をまとめた名鑑に載せていることからしても、ファンの本質は、「なつかしい」と投稿していた当時と、現在も変わらないと、劇団が認識しているようにみえる。

「高声低声」の投稿には、「なつかしさ」に代表される、それぞれの生徒に向けた思いがあった。このようなファンの「なつかしさ」の集積が、「なつかしい」宝塚を形作ってきたのではないだろうか。つまり、個々のファンの「なつかしさ」の結晶が、「なつかしい」宝塚なのである。

第二節　「なつかしい」宝塚の現在

東京が関東大震災の打撃から立ち直ると、日本に本格的な都市の時代が始まった。モダニズムを基調とする文化や、「大衆」の語を冠した文化は、新聞・雑誌などの活字メディアや、ラジオという新しい聴覚メディアを通じ、日本中に流れていった。[11]一九三〇年代にかけて出現したモガことにモダンガールは、デパートや電話局で働く職業婦人やカフェの女給、女学生などを含む新時代の女性の総称であり、断髪（ボブ）や洋装などの特徴的なスタイルから新しい都市風俗の象徴とみられた。[12]

そうしたなかで、宝塚でもモダンなレヴューがヒットする。一九二七年に岸田辰彌の《モン・パリ》の大ヒットでレヴュー時代が幕を開け、白井鐵造の《パリゼット》が黄金期を築く。宝塚を代表する「すみれの花咲く頃」も《パリゼット》の中の曲である。二〇一四年一月一日、宝塚歌劇創立一〇〇周年の幕開けの口上で、各組トップスターは、《パリゼット》の挿入歌であった「おお宝塚」を歌った。[13]

おおタカラヅカ　わが憧れの美の郷

幼なき日の甘き夢の国　歌の想い出もなつかしき(14)

「おおタカラヅカ　TAKARAZUKA」と歌い始めて、歌いおさめるこの曲は、Harry Carlton の曲に白井が歌詞をつけたものである。宝塚歌劇を歌った歌詞には、「なつかしき」という言葉が出る。この「なつかしさ」とは一体何であろうか。

大衆文化には、第一次世界大戦後の価値意識を反映し、ヨーロッパ文化にとってかわる勢いで、アメリカ文化の影響が一段と強く及んでいたといわれるように、宝塚のレヴューもまた同様である。実際のパリをみた白井は、古い建物が灰色に汚れて薄黒くなっていて、花はまったく感じられなかったと述懐しており(16)、白井が輸入した華やかなパリのレヴューと称するものは、アメリカの影響を受けていた。つまり、宝塚がパリのこととして演じたレヴューの世界は、実在しないものだったことになろう。このようなレヴューの虚構性は、女性が男性を演じるということと相俟って、宝塚歌劇を、世界でも他に類をみない劇団として、存続せしめている大きな要因なのかもしれない。

宝塚を支えるもう一つの大きな要素に、生徒個人を支持するファンの存在がある。二〇一四年五月四日放映のNHKスペシャル「宝塚トップ伝説　熱狂の一〇〇年」では、五つの組の男役トップの同時取材を敢行。トップを軸に舞台をつくり上げる過程を追い、トップというシステムをどのように運用しているかをみせた。その番組内で、「ファンの中には、お気に入りのトップを入団当時からずっと応援し続けている人が少なくない」と、宝塚ファンの特性を伝えるナレーションがあった。

生徒は歌、ダンス、芝居のすべてがうまいからといって人気が出るわけではない。不思議なことに、宝塚歌劇というカンパニーでは、生徒に苦手な分野があることは、けしてマイナスばかりではなく、それがかえってファンの応援したい気持ちを生み、人気の要因ともなり得るのである。作品の内容を楽しみに訪れる観客もいるが、ファンが劇場に何度も足を運ぶのは、お目当ての生徒の活躍を見るためであることが多い。ファンが同じ作品を何度も観るのは、作品の面白さだけでなく、好きな生徒に会いたい一心であり、公演期間に贔屓の生徒の成長を確かめるためでもある。公演はなま物であり、二度と同じ公演は存在しない。そうした思いから、自分が応援している「なつかしい」生徒に会うために、劇場へ向かうのである。

さらに、トップという仕組みがあることで、ファンは、自分のお気に入りの生徒をトップにしようと、生徒が下級生の頃から応援し、「卒業」(退団)までを見届ける。この間、ファンは、応援している生徒を、育てているという感覚があり、時には親のような気持ちで、客席から生徒を見守る。そこに、身内のような気持ちが生まれ、自分も「なつかしい」生徒とともに、スターへの道を歩いているような気分になる。ファンが憧れの生徒と同じ時を共有し、一緒に歩むことは、憧れのお姉様と女学校で同じ時を共有しながら過ごすことと、どこか似ていよう。憧れの上級生との手紙交換が、女学生文化の特徴であったように、宝塚ファンは、メールが発達した現代でも、手紙で生徒への気持ちを伝える。そうしたファン気質からも、言葉は変われど、「なつかしい」という感覚は現代でも通用するし、その「なつかしさ」が、宝塚歌劇を一〇〇年間支えてきたのではないかと考える。

そのような「なつかしさ」の対象となる生徒が多いほど、集客に好結果をもたらすことは想像に難くない。「なつかしい」生徒たちを劇団が大切にしていることは、「宝塚歌劇の殿堂」にも如実に現れている。二〇一四年四月、宝塚歌劇団が創立一〇〇年を迎え、宝塚大劇場内にオープンした「宝塚歌劇の殿堂」には、宝塚歌劇を支えた偉大なスターたちのパネルが展示されている。雲井浪子にはじまり、天津乙女、門田芦子……と入団した順に、歴代のスターが並び、それぞれ歌や日舞といった得意分野や、当たり役などを紹介してある。殿堂ゾーンの後半には、演出家などのスタッフのものが加わる。「宝塚歌劇の殿堂」の展示が、作品ではなく生徒を中心に構成されているところに、宝塚歌劇の性格が現れているのではないだろうか。

もちろん、上演作品も、宝塚歌劇を語る上では外せない。一般的に、宝塚の看板作品として知られるのは、《ベルサイユのばら》であろう。初演は一九七四年八月、宝塚歌劇が誕生して六〇年後のことである。当時、テレビの普及など手軽な娯楽が多様化するなかで、宝塚は観客動員数の低下に苦しんでいた。そのような宝塚歌劇存続の危機を救ったのが、まぎれもなくこの作品であり、一〇〇周年の現在まで再演を重ねている。

平成に入り、海外ミュージカルの《エリザベート――愛と死の輪舞《ロンド》》のヒットや再演があり、近年のフランス発のミュージカル《ロミオとジュリエット》の成功も大きな出来事である。また、《逆転裁判》や《戦国ＢＡＳＡＲＡ》などゲーム作品の舞台化、《メイちゃんの執事》や《ＪＩＮ――仁》といった、漫画が原作でテレビドラマとしてヒットしたものにも取り組むなど、新たな試みへの挑戦は続いている。これも、創設期から続く、新作主義の伝統を引き継ぐものと考えられる。

一方で、過去のヒット作の再演も多く、古くからのファンの「なつかしい」という感情に巧みに訴えかけ、観客の動員に結びつけているといえよう。劇場やグッズショップのそこかしこから、ファンの「なつかしい」といった声もよく聞かれるのは、初演時に好きだったスターに想いを馳せたり、そのころの自分も思い出して、現在のスターの再演に覚える「なつかしさ」なのかもしれない。

近年では、海外ミュージカル一本のみの公演も増えているが、基本的な上演スタイルは、芝居とショーの二本立てである。とくに、ショーは宝塚歌劇を観たというファンの満足感に直結しているのではないだろうか。その宝塚歌劇のショーは、どこか昭和の香りが漂う。懐旧の情の「なつかしさ」が、宝塚の人気を支えている面も大いにあると思われる。

二〇一四年三月、一九三三年の白井鐵造のヒット作である《花詩集》は、藤井大介の演出で、《TAKARAZUKA　花詩集一〇〇!!》として現代版にアレンジされ、一〇〇周年の宝塚の舞台に蘇った。

きけよ花の詩　我心の詩　花に寄歌いし　我が恋の詩
美し花見れば　君を想い歌う　優し花見れば　君を恋い歌う(17)

八〇年前に生み出されたこの歌詞を月組トップスターである龍真咲が、高らかに歌い上げた。初演と同じ月組での上演である。初演を観た者は、客席にほとんどいないだろうが、初めて観る者にとっても、どこか「なつかしさ」が漂う舞台になった。

白井の《花詩集》では、マロニエの花、鈴蘭、黒い薔薇、野菊、椿、すみれなどが登場し、その花々にちなんだ恋物語が次々と展開していく。(18)少女が花にちなんだ恋物語を演じるという、ロマンチックなレヴューのヒットは、当時の女学生文化なくしては語れないであろう。新中間層が拡大し始めた一九一〇年代に大都市の女学校で生まれ、一九二〇年代から一九三〇年代にかけて、全国の女学生の間にこの文化は広まっていった。(19)女学生とは、「良妻賢母」へのモラトリアム期間に、文学や、演劇などに親しむモダンな一面と、ロマンチックな感性を兼ね備えた少女であった。(20)

女学生文化とほぼ同じ時期に宝塚少女歌劇は誕生し、女学生文化が全国的な広がりをみせたころに、宝塚少女歌劇ではロマンチックなレヴューがヒットした。女学生＝少女の文化と連動した宝塚少女歌劇は、少女文化の一翼を担いつつ、時代に即応しながら歩んできたことがわかる。宝塚が、宝塚少女歌劇として出発したことは、一三にとっては話題性重視の「イーヂーゴーイング」(四一ページ)であったかもしれないが、見事に時代の流れを汲んで、宝塚歌劇へと成長を遂げたのである。

宝塚の代表作の一つとなった《エリザベート――愛と死の輪舞《ロンド》》を日本で初めて潤色・演出し、日本のミュージカル界を牽引する演出家小池修一郎も、宝塚一〇〇周年に当たり存続の要因を、以下のように述べている。

一〇〇年もの間、宝塚歌劇が多くの人に愛され続けてきた一番の理由は、常に変化している世の中と向き合い、時代の空気に反応していることだと思います。(21)

宝塚一〇〇年の歴史を振り返れば、原点には、小林一三の鉄道建設による郊外型ニュータウンの誘致の成功があった。その住民は新興中産階級が中心であり、彼らの社会的な上昇志向の強さ、教育熱の高さは自尊心を生んだ。また、モダニズムの広がりのなかでも完全に西洋化してしまうのではなく、日本的伝統に根差し、健全な家庭を望む保守性もみとめられる。文化を享受することにも貪欲な彼らの要求にうまく応えたのが、宝塚だったのであろうと考える。宝塚は、下町大衆の伝統芸能との差別化を行い、彼らの自尊心を満足させるに十分だったのである。

伝統に依拠する保守性と西洋近代のはざまを揺れ動く新中間層の心理は、今日の社会の構成員の多くに通ずるものといえよう。とりわけ高度経済成長以後の社会はそうした人々を大量に生み出した。戦争の時代、戦後復興、高度経済成長をくぐり抜けてきた宝塚の観客には、初期の新中間層の心理が、劇団創設一〇〇年を迎えても脈々と流れている。

懐旧の意味での「なつかしい」が普通の使用法になったと考えられる現在、世代や環境などの条件で括れる要素がなければ、一度に多くの人の「なつかしい」という感情に訴えかけることは難しいであろう。だが、宝塚は、かつて生徒個人に向けた親愛の情を「なつかしい」と言った人たちの精神性を、劇団も観客も根底に抱えている。現在のファン心理の中にある親愛と懐旧が綯《な》い交《ま》ぜの

「なつかしさ」が、宝塚という場所を、親しみを込めて「ムラ」と呼ばせ、ファンの連帯意識を生んでいる。従って現在でも「なつかしい」宝塚であるといえる。

一〇〇周年を経て、「なつかしい」宝塚は、どこへ向かうのであろうか。メモリアルイヤーに並んだ公演は、「なつかしい」作品の再演も多かった。同時に、トップスターの退団も相次ぎ、新たな世代へと受け継がれていくという印象ももった。「なつかしい」生徒を次々と育て上げる、スターシステムの礎をつくった一三は、希代の天才プロデューサーであった。社会の世相を反映する一方で、「なつかしさ」を失わないことが、宝塚が今後も繁栄していく鍵となるのではないだろうか。

注

（1）渡部周子『〈少女〉像の誕生――近代日本における「少女」規範の形成』新泉社　二〇〇七年　二六九ページ
（2）同右　二九一～二九四ページ
（3）吉屋信子「白百合」『吉屋信子全集』第一巻　朝日新聞社　一九七五年　七九ページ
（4）同右　八〇ページ
（5）同右　八四ページ
（6）小学館『日本国語大辞典　第二版』の「なつかしい」の項目に「動詞「なつく（懐）」の形容詞化。古くは、身近にしたい、馴れ親しみたいの意を表わし、後世、多く懐旧の思いをいうようになる」とある。

（7）前掲「白百合」前掲書　八一ページ
（8）一九九三年に完成した現在の新・宝塚大劇場と区別して旧・宝塚大劇場と呼ばれる。
（9）山本久美子ほか編『虹の橋　渡りつづけて――宝塚歌劇一〇〇年史』舞台編　阪急コミュニケーションズ　二〇一四年　三七ページ
（10）二〇一四年度版の『宝塚おとめ』では一四六ページに掲載されている。
（11）鹿野政直「覇権をめざす都市圏」鹿野政直編『図説日本文化の歴史』第一二巻・大正・昭和　小学館　一九八一年　五〇ページ
（12）稲垣恭子『女学校と女学生――教養・たしなみ・モダン文化』中公新書　二〇〇七年　一四四～一四五ページ
（13）宝塚歌劇団　http://kageki.hankyu.co.jp/news/detail/（二〇一四年一月一日アクセス）
（14）宝塚歌劇検定委員会編『宝塚歌劇検定公式基礎ガイド二〇一〇』阪急コミュニケーションズ　二〇一〇年三三二ページ
（15）前掲「覇権をめざす都市圏」前掲『図説日本文化の歴史』第一二巻・大正・昭和　五〇ページ
（16）白井鐵造『宝塚と私』中林出版　一九六七年　八一ページ
（17）同右書　二七八ページ
（18）前掲『虹の橋　渡りつづけて――宝塚歌劇一〇〇年史』舞台編　七三ページ
（19）前掲『女学校と女学生――教養・たしなみ・モダン文化』二八ページ
（20）前掲『女学校と女学生――教養・たしなみ・モダン文化』四ページ
（21）『家庭画報』世界文化社　二〇一四年五月号　一一二ページ

終章

一九一四年宝塚歌劇団創設と聞けば、もはや歴史上の出来事のように思われる。それから一〇〇年という長い時が経過した。「なつかしい」宝塚と一言にまとめるにしても、その時々の劇団の状況や観客によって、とらえ方はいろいろであった。これからもなお「なつかしい」宝塚であり続ける劇団にとり、一〇〇年の節目は次の「なつかしさ」への出発点でもある。本書の最後に、メモリアルイヤーの宝塚を、二〇一四年に刊行された書籍などを中心に簡単にみておこう。

劇団創立一〇〇周年に関連して、テレビ番組[1]などメディアへの露出も多かったが、二〇一四年は、まずは劇団の画期的な宣伝で幕を開けた。一月に東京のJR山手線で、車体側面に一〇〇周年のロゴをあしらった宝塚歌劇企画トレインが運行[2]したのである。車内には、これまでの主な公演の復刻ポスターや、一〇〇周年を飾る各組トップスターと公演のポスターが掲示された。毎日三〇〇万人以上が利用する山手線の広告は、大きな影響力をもつ。本拠地宝塚よりも先に、最も注目の集まる東京で、大々的に宣伝を打ったことに、年頭から経営陣の気合いを感じさせた。その後、宝塚歌劇団の母体である阪急電鉄でも、三月二一日から一二月二四日まで、宝塚本線と今津線で宝塚歌劇トレインが運行し、(3) ファンを喜ばせた。

宝塚への乗客誘因策の一つとして、少女歌劇が誕生したことを考えれば、一〇〇周年の年に、ラッピング車両のデザインとして鉄道に登場したことは、原点に立ち返る気持ちの表れのようで、感慨深いものがあった。

さて、宝塚歌劇団では『宝塚少女歌劇廿年史』を一九三三年に発行して以降、一〇年ごとに劇団史を編纂してきた実績がある。一〇〇年史の『虹の橋　渡りつづけて』(阪急コミュニケーションズ)は、「舞台編」と「人物編」の二冊からなり、これまで上演した全作品と、在籍した全生徒を写真入りで網羅しようと試みた意欲的なものであり、宝塚歌劇の歴史を知るためには、欠かせない書となった。九〇年史までの生徒一覧とは異なり、写真が添えられたことで、全生徒の存在を実感させ、生徒の人気に支えられている宝塚ならではの特徴を感じさせる。

劇団史としては、ほかに、これまで朝日新聞に掲載された記事などをもとに、一〇〇年を振り返る『宝塚歌劇　華麗なる一〇〇年』(朝日新聞出版)が刊行された。

また、様々な切り口で宝塚に迫る本の出版が続いた。観劇ガイドや、生徒の退団挨拶から宝塚人生を振り返る本、宝塚歌劇の舞台裏を紹介するものなど、ファン向けの本も多い。阪急電鉄を定年退職後、寮の生徒監になった通称お父ちゃんらを描いた宮津大蔵作の小説『ヅカメン!――お父ちゃんたちの宝塚』(廣済堂出版)、戦後再開した宝塚歌劇団の伝説のスターをモデルにした葦原邦子作・中原淳一ら挿絵の少女小説『宝塚物語』(国書刊行会)の復刊などもあった。

宝塚をつくった人にもスポットが当てられたので、いくつか紹介しよう。

まず、北康利著『小林一三　時代の十歩先が見えた男』（PHP研究所）である。『PHPビジネスレビュー松下幸之助塾』に二〇一一年九・一〇月号から二〇一四年一・二月号まで連載されたもので、自叙伝をベースに事業家小林一三の生涯に迫っている。幼少期の複雑な家庭環境に触れ、屈折した心情が温厚とはいえない性格を与え、時として非情になれるところが、経営者として大成できた一因だという。

次に取り上げたいのが『宝塚百年を越えて――植田紳爾に聞く』（国書刊行会）である。『宝塚というユートピア』（岩波新書、二〇〇五年）など宝塚関連の著書をもつ川崎賢子が、宝塚歌劇団の演出家で、一九九六年から二〇〇四年まで理事長を務めた植田紳爾（現在は劇団の特別顧問）に話を聞く対談集の形をとる。日本の文化史のなかで、植田の仕事の位置づけが曖昧であると考える川崎は、植田を「宝塚百周年の今、宝塚を広く深く見渡して、その歴史を創造したひとり、目撃者として証言者としてもっとも多くを知るひと」[4]と評している。

植田の演出した《ベルサイユのばら》、《風と共に去りぬ》、赤十字思想誕生一五〇周年にアンリー・デュナンの生涯を描いた《ソルフェリーノの夜明け》などの舞台には、植田の戦争の原体験（一九四五年七月一九日福井大空襲）が投影され、極限状態におかれた人間の姿をみせることに力点が置かれる。そもそも戦後の焼け跡で、宝塚を観て白の美しさに心を奪われたことが[5]、植田と宝塚の接点であった。その感動が、八〇歳を越えてもなお、現役で宝塚の演出を手掛ける原動力となっているようである。植田は、宝塚存亡の危機を救った舞台がどのようにして作られたのか、理事長として華やかな舞台を経営するための苦悩などを語った。植田紳爾という一人の演出家を通して、これまであまり明らかにされることのなかった宝塚の舞台裏を、貴重な証言とともに、後世に伝えていこうとする著作といえよう。

さらに一人、宝塚を創った人を扱ったものに、『タカラヅカという夢　一九一四―二〇一四』（青弓社）の中の一章、貫田優子「宝塚音楽舞踊学校校長・森隼三」がある。同書は、津金澤聰廣・田畑きよ子・名取千里の編著で、宝塚一〇〇年の歴史を多角的に振り返ることで、現在につながる宝塚の魅力に迫ろうとした研究書である。四部構成の第一部は宝塚音楽学校について、第二部は作曲家竹内平吉、戦中や占領期の宝塚や、宝塚と地方公演と、これまであまり扱われなかったテーマに光を当てており、今後の宝塚研究に参考とすべき論点を提示する。第三部は宝塚と他ジャンルとの交流、具体的にはシャンソン、歌舞伎、狂言の領域から、宝塚が論じられ、第四部はOGのインタビューである。

第一部に収められた貫田の論文は、宝塚音楽舞踊学校（一九三九年一二月宝塚音楽歌劇学校が改称）の第二代校長森隼三《もりはやさぶ》の足跡をたどるという視点が新しい。歴代の音楽学校の校長のなかで、森は唯一実業家ではなく、教育界の人間である[6]。貫田は、森の教育者としての歩みや教育理念を述べ、森の校長就任は、宝塚が建学精神を追求した一つの到達点であるとした[7]。森が校長の職にあったのは、一九四〇年一一月から、四七年一月まで[8]という戦中・戦後の混乱の時期であるが、正統な学校で高い知性をもつ舞台人の育成に尽力したという。

以上のような新しい研究を踏まえて、あらためて本書の内容をまとめることにしたい。

宝塚が学校であるという点は、本書の考察においても注意を要することである。世間の好奇の目から少女達を守り、少女歌劇は学校で身につけた技芸の発表の場であるという立場は、観客に親近感をいだかせた。それから一〇〇年近くがたち、宝塚にはすでに伝統と呼ぶに値するものがあるに違いない。ここで、日本の伝統芸能を考えてみると、能・狂言、歌舞伎や文楽は、多くの作品を継承してきた。個人を贔屓するにしても、たとえば世襲制に支えられる歌舞伎で、「先代に似てきた」という役者への評価は、おおむね好ましいことと受け止められ、芸風に加えて、世代を越えて受け継がれる容姿や声の質もあるであろう。それに対して、宝塚では学校組織を保つなかで、伝統を培ってきた。入学した生徒各人の個性を最大限に伸ばすことが課題であり、そこに、観客の目が生徒個人に向く下地ができていたのかもしれない。

本書では、劇団の機関誌『歌劇』に、劇団や観客の思いを知る拠り所を求めた。『歌劇』は、宝塚少女歌劇の変遷を記録するとともに、一貫して、少女歌劇の前途を議論する場であった。編集主幹の考え方により、その特徴も変化していく。初代小林一三は、読者投稿欄「高声低声」を中心に誌面を構成し、二代目の寺川信は観客養成に着手しつつファンの慰みの場として機能させた。三代目の堀正旗や四代目の丸尾長顕が編集主幹になると、社会の状況を反映させながら、文芸雑誌の色を濃くする。少女歌劇とともに成長した『歌劇』は、劇団側と観客の側をつなぐ緩衝材としての役割も果たしていた。

その中で本書が主眼としたのは、「高声低声」に現れる「なつかしい」「なつかしさ」という言葉の検証である。観客が宝塚の何に「なつかしさ」を感じるかは、『歌劇』創刊から六年ほどの間でもいろいろに変化したことがうかがえる。時に少女たちの無邪気さやアマチュア性への憧憬であったり、時に都市生活者の慰安であったりした。最も特徴的な使い方は、主に女性ファンが手紙の文体で書いた、生徒個人に寄せた「なつかしい○○さん」「○○さん、おなつかしうございます」（○○には、好きな生徒の名前が入る）などの、親愛の表現である。だが、このような文体の投稿、表現は「高声低声」でも減少傾向が顕著であった。そこには編集主幹が示す『歌劇』の編集方針の変化が影響していると考えられる。そして、「なつかしい」の語の一般的な使い方も懐旧の情へと傾く時期に重なったのかもしれない。「なつかしい」から親愛の情が消えてしまったかといえば、地域や性別、年齢など、多種多様な人の使用状況を知らなくてはならず、即断は控えねばならない。ただ、現在の宝塚ファンは「なつかしい○○さん」と呼び掛けることはおそらくしないと思われ、それにもかかわらず当時のファンの心情には共感を覚えるのである。

その時代に存在するすべてのものは、その時代の影響を受けずに存在することはあり得ない。「なつかしい○○さん」と切り出した投稿の背景に少女文化があることは、『花物語』の表現の類似などからも明らかになったところである。「なつかしい」は「良妻賢母」のモラトリアムにある女学生の感情の発露であったといえよう。その表現は失われたとしても、宝塚が少女文化から切り離されたわけではないことは、植田が演出を手掛けた《ベルサイユのばら》の原作が、池田理代子の少女漫画であることからも知られる。新作主義を採る宝塚では、常に新しいものに触れて舞台化することが必要だが、そこで少女漫画という少女文化の新たな素材に、劇団の存亡をゆだねたこと[9]の意味は大きいものがあろう。一九七二〜一九七三年に発表された『ベルサイユのばら』からでも四〇年以上たち、今日では少女漫画も多様化するばかりであるが、宝塚一〇〇周年においても、一九七七年刊行の雑誌からセレクトした、『ベストオブ劇画タカラヅカ』（復刊ドットコム）の記念復刊があったことなどは、宝塚と少女漫画、ひいては少女文化との関係の深さを物語っているようである。

本書が対象にしたのは、宝塚の一〇〇年の歴史のうちの最初のほぼ一〇年、少女歌劇の時代であり、明らかに現在の宝塚歌劇団とは異なる要素があった。しかし、今につながる普遍性をもった仕組みもすでに生み出されている。組という制度や、上演の形式、大劇場といった現在の宝塚を形作っているシステムがそれである。そこで観客はそれぞれに自分の思いを托す生徒を見出す。『歌劇』の投書欄「高声低声」に現れた「なつかしい」という言葉が象徴する観客の心理は、けして過去のものではない。観客にとって、「なつかしい」と思う生徒がいる限り、宝塚はその人気を維持できるであろう。宝塚では、慣習として、生徒が舞台に現れた際にも、客席から拍手が起こる。生徒そのものを応援しようとする意志の表明でもあり、生徒への「なつかしさ」を根底にもつファンの気持ちがそのような行動になるのだと考える。

宝塚歌劇一〇〇周年を記念した祭典《時を奏でるスミレの花たち[10]》では、歴代のトップスターたちが集結し、名曲や思い出話を披露した。タイトルにあるスミレの花は、彼女たち自身であり、現代でも、生徒は花にたとえられている。花の命が有限であるように、宝塚で過ごす限られた時間に、生徒たちは、一生懸命に命を燃やして咲き誇るのである。その姿にファンは胸を打たれるとともに、親しみをもち、応援しようとする。現在の客席は、一〇〇年の歴史に裏打ちされた様々な「なつかしさ」で満たされているのである。

注

（1）一月六日に、花組蘭寿とむ、星組柚希礼音、宙組凰稀かなめのトップスターを筆頭に、現役の生徒一〇〇名が、フジテレビ系列のバラエティー番組「SMAP×SMAP」に出演した。五月四日放映のNHKスペシャル「宝塚トップ伝説　熱狂の一〇〇年」は、宝塚男役トップスターを追ったドキュメンタリー番組である（一七七ページ）。八月九日には、NHK「思い出のメロディー」に「宝塚歌劇団雪組スペシャルレヴュー」のコーナーが設けられ、壮一帆らが出演した、など。

（2）シアターガイド「JR山手線で宝塚歌劇トレインが運行中」http://www.theaterguide.co.jp/search_result/index.php?cmd=SimpleSearch&renew=1（二〇一四年一一月三〇日アクセス）

（3）http://kageki.hankyu.co.jp/news/detail/5826d501ab8fc1e90e9b512eac67f020.html（二〇一四年一一月三〇日アクセス）

（4）『宝塚百年を越えて——植田紳爾に聞く』国書刊行会　二〇一四年三月　九ページ
（5）同右書　三五ページ
（6）貫田優子「宝塚音楽舞踊学校校長・森隼三」津金澤聰廣・田畑きよ子・名取千里編著『タカラヅカという夢　一九一四—二〇一四』青弓社　二〇一四年五月　四一ページ
（7）同右　五七ページ
（8）同右　四二ページ
（9）前掲『宝塚百年を越えて——植田紳爾に聞く』一五八〜一五九ページ
（10）二〇一四年四月四日・六日、宝塚大劇場で上演。

あとがき

本書は、静岡大学教育学部に提出した二〇一三年度卒業論文「雑誌『歌劇』にみる宝塚少女歌劇の変遷（一九一三〜一九二四）——「なつかしさ」を中心に——」を元にしている。創設一〇〇周年を迎えた宝塚歌劇団をみて、さらに考えたことを第四章・終章などに加筆した。

二〇一四年の元日は卒業論文の提出日を六日後に控えて、血眼になってパソコンに向かっていた。それからわずか一年後、二〇一五年に年が改まった今、まさかその卒業論文の刊行にむけて、この「あとがき」を書いているなど、夢にも思っていなかった。畏れ多くも拙稿を、単著として世に出させていただくということは望外の喜びであり、このような機会に恵まれた幸せを胸に、ここまでの道のりを少しばかり振り返ってみたい。

私が、卒業論文のテーマとして一九一三〜一九二四年の宝塚に注目したいと考えたきっかけには、二〇一一年三月一一日の東日本大震災があった。

あの時、雪組トップスター音月桂さんのお披露目公演《ロミオとジュリエット》を観るため、東京宝塚劇場にいた私は、幕間に大きな揺れを感じた。激しい揺れに立っていることもやっとで、天井が落ちてくるのではないかという恐怖に襲われた。その日は交通機関が麻痺して帰宅難民になり、何が起こったのか被害の全容も把握しきれないまま、劇場で不安な一夜を明かし、帰宅したのは翌日であった。それから被災地の状況を連日メディアが伝え、「日本を一つに」や「絆」という言葉が氾濫していく。世の中は「自粛」ムードに包まれ、娯楽を享受することを非難する風潮も少なからずあったのではないか。だが、私は宝塚の映像を観ることで、どこか救われた思いがしたのである。

宝塚と震災を切り離して考えることのできなくなった私は、娯楽の意義を見直す意味でも、宝塚歌劇が時代の中で担ってきた役割を創始期から問うてみたいと思った。関東大震災は、宝塚歌劇団創設から約一〇年後の一九二三年九月一日に起きている。宝塚はどのような活動を続けていたのか、また人々はそれをどう受け止めてきたのか。考察の対象を一九二四年までに絞り、私は当時の観客の感想を知ろうと努めた。そして聞こえてきたのが、宝塚の華やかな舞台は、現実の生活の様々な不安や苦悩を一瞬であるが忘れさせてくれるという意見である。それは私自身の、東日本大震災後の逃避を宝塚に求めた経験とも通じるであろう。

当時の観客と私の間に横たわっている、二つの震災にはさまれた九〇年近い年月について、本書では述べることができなかったのだが、この間の宝塚

宝塚郵便局風景印

1931.8.1〜　1950.7.6〜　1960.9.26〜　1994.8.1〜

に対する人々の思いにも少し触れたくなる。そこで次に宝塚郵便局の風景印を掲げる。

宝塚郵便局小型印（戦前期）

宝塚逓信文化博覧会
記念：1935.7.20

日本婚礼進化博覧会
記念：1936.3.20

風景印とは、郵便局に配備されている消印の一種で、印影にその地域にまつわる名所旧跡などをあしらったものである。宝塚郵便局の風景印は、一九三一年の少女歌劇をイメージさせる少女の絵からはじまり、戦後、宝塚大劇場の絵になった。現在は宝塚市出身の漫画家手塚治虫の記念館が中心に描かれているが、宝塚音楽学校の校章でもある竪琴の枠組みにすみれの花がデザインされている。記念行事などの際に使用される小型印にも、戦前に宝塚で行われた博覧会を記念したものに少女や宝塚大劇場がデザインされており、一九三〇年代にはすでに、宝塚歌劇が宝塚のシンボルとして位置づけられていたことがうかがえる。宝塚歌劇の雰囲気は、郵便物にのって全国に送り続けられてきたのであり、その風景印のついた郵便物を手にしたと想像してみるのも楽しい。劇団の機関誌『歌劇』が届いたのであれば、ファンにはなおさらだったのではないか。

誰にも夢がある。それはたとえ小さくとも、その夢がふくらみ、花を咲かせ、立派に実るのを見るのは楽しい。

（小林一三「宝塚漫筆」まえがき）

一三が描き、またそこに集った人々の小さな夢は、この一〇〇年の間、いつも華麗に咲き続け、実を結んできたのだと思う。

最後に、本書を書き上げるにあたり、お世話になった方々にお礼を申し上げたい。

まずは指導教官の黒川みどり先生に、深甚の謝意を表したい。私は、黒川ゼミの中で、史料と向き合うことの大切さを学んだ。大学三年生の夏、ゼミで、「大正から昭和初期の宝塚」を取り上げたいと卒論の構想を報告した後、一次史料である『歌劇』を扱うことを提案してくださったのも黒川先生である。その勧めを受けて、私は春休みや夏休みを利用して、早稲田大学坪内博士記念演劇博物館で『歌劇』を読み進めた。そして、『歌劇』の中から「なつかしさ」という言葉を手掛かりに少女歌劇時代の宝塚の観客の思いに迫るという卒論の主題に巡りあえた。

だが、一本の論文にまとめることはたやすいことではなく、執筆が進まないときには、黒川先生に何度も直接相談に応じていただき、メールでもご指導を仰いだ。多くのアドバイスとともに、参考文献もたくさんご紹介いただき、そのおかげで、私は、無事に卒業論文を提出し、大学を卒業することができたのである。

その後、思いがけず私の拙い卒業論文を世に出そうと黒川先生がご尽力くださり、平凡社編集部の松井純氏が目をとめ、出版の決断をしてくださった。宝塚歌劇団同様、二〇一四年に創業一〇〇周年を迎えた平凡社で本にしていただけるという知らせを聞き嬉しく、不思議な縁を感じたものである。五月には、宝塚少女歌劇が第一回東京公演を行った帝国劇場にほど近い東京會舘のカフェテラスで、刊行に向けての打ち合わせが始まった。余談だが、それから打ち合わせを重ねたカフェのある東京會舘は、建て替えのため、二〇一五年一月三一日で営業を終了し、二〇一八年春に再オープンするそうである。本書の思い出のカフェがなくなるのは、少し淋しい。

五月以降は創立一〇〇周年のメモリアルイヤーの宝塚の動きを目にしながらの作業になった。原稿をまとめて本にするまでにはたくさんの作業が必要で、松井氏から卒論を本に高めていくための的確な助言をいただくこともあった。実際に本書の編集を担当してくださった佐藤敦子氏は、教職についたばかりであたふたしている私を叱咤激励し、未熟な表現や説明不足を指摘したり、巻末付録には『歌劇』の「なつかしさ」の使用例を表に仕立て上げる工夫をしてくださった。黒川先生もすべての打ち合わせに同席して、最後の校閲までのどの段階においても精力的に進めてくださり、また先生を通して有志舎の永滝稔氏にもお心くばりをいただいた。

とにもかくにも記念の年の年度内に刊行までこぎ着けられることに今は安堵し、心から感謝申し上げる次第である。

そして母校の静岡大学ではいろいろな方にお世話になった。在学中に郵便趣味の世界を教えてくださった教育学部の山田智先生は、この「あとがき」に風景印の画像をご提供くださった。卒論執筆時に、貴重なご教示や励ましをくださった大学院生の皆さん、黒川ゼミに集った同期や後輩の皆さんにも、お礼を申し上げたい。
以上の方々をはじめ、私を支えてくれたすべての皆様、そしてこの本を手にとってくださった方々に感謝し、筆を擱く。

二〇一五年一月一日、宝塚歌劇新世紀の幕開けの日に

永井咲季

【付録】『歌劇』「高声低声」にみる「なつかしさ」

凡例

本表は、雑誌『歌劇』の記事と公演内容などを中心に年代順にまとめたものである。各段の内容は以下の通りである。

●『歌劇』

○発行年月日は各号の奥付に拠る。

○主な論稿……本書で引用した論稿を示す。表記は各号の目次に拠った。

○「高声低声」中の「なつかしさ」使用例……読者投稿欄である「高声低声」に現れた「なつかしさ」「なつかしい」の語をすべて抽出するように努めた。文意の通じる長さで引用し、表記は本書の基準に従うが、改行・傍点は省略した。

●宝塚少女歌劇団の動向

○主要公演……宝塚および東京での公演の上演日・劇場（略号使用）・演目を示す。演目名の前にジャンル（略号使用）を付した。作者名・改作者名を併記したが、振付などは省略した。東京公演の演目は、宝塚で上演した際の同演目の情報に従う。なお、出典は『虹の橋　渡りつづけて』（舞台編）である。

○主要公演以外の活動など……本書で触れた劇団関係の出来事と、主要公演以外の情報を『歌劇』掲載の「宝塚日誌」などから、月ごとにまとめた。

《略号一覧》

(歌)：歌劇　(喜)：喜歌劇　(ダ)：ダンス　(劇)：舞踊歌劇
(調)：調和舞踊　(伽)：お伽歌劇　(悲)：悲歌劇
(オ)：オペレット　(時)：時代錯誤歌劇　(舞)：舞踊
(新)：新歌舞劇　(振)：振事劇　(夢)：夢幻的歌劇
(プ)：プラトン童話歌劇　(踊)：舞踊劇　(無)：無言劇
(児)：児童用神話劇　(諷)：諷刺歌劇　(バ)：バレエ
[パ]：パラダイス劇場　[公]：公会堂劇場　[中]：宝塚中劇場
[大]：宝塚大劇場（以上、宝塚）、[帝]：帝国劇場（東京）、
[国]：帝国座　[浪]：浪花座　[近]：近松座　[央]：中央公会堂（以上、大阪）、[聚]：聚楽館（神戸）、[御]：御園座（名古屋）、
[岡]：岡崎公会堂（京都）、[歌]：歌舞伎座（静岡）、
[弁]：弁天座（和歌山）

年	『歌劇』発行月日・号　主な論稿	「高声低声」中の「なつかしさ」使用例	宝塚少女歌劇団の動向　主要公演	主要公演以外の活動など
1913				7月15日宝塚唱歌隊を組織。
1914			**4月1日～5月30日** **第一回公演**[パ] (歌)ドンブラコ（北村季晴） (喜)浮れ達磨（本居長世） (ダ)胡蝶（宝塚少女歌劇団） **8月1～31日** **夏期公演**[パ] (歌)浦島太郎（安藤弘） (ダ)故郷の空（安藤弘） **10月1日～11月30日** **秋期公演**[パ] (歌)紅葉狩（小林一三） (歌)音楽カフェー（安藤弘） (ダ)欧洲戦争（宝塚少女歌劇団）	4月1日宝塚少女歌劇養成会第一回記念公演。 12月11～13日大阪毎日新聞社主催の慈善歌劇会に出演[国]、15日大阪毎日新聞社神戸支局主催慈善歌劇会に出演[聚]
1915			**1月1～7日** **正月公演**[パ] (歌)兎の春（小林一三） **3月21日～5月23日** **春期公演**[パ] (歌)平和の女神（薄田泣菫） (歌)雛祭（小林一三） **7月21日～8月31日** **夏期公演**[パ] (歌)舌切雀（薄田泣菫）	

年	『歌劇』 発行月日・号　主な論稿	「高声低声」中の「なつかしさ」使用例	宝塚少女歌劇団の動向 主要公演	主要公演以外の活動など
1915			(歌)蟬時雨(久松一聲) (歌)御田植(小林一三) **10月20日〜11月30日** **秋期公演**[パ] (歌)三人猟師(久松一聲) (歌)メリーゴーラウンド(安藤弘) (歌)日本武尊(小林一三)	12月10〜12日大阪毎日新聞社主催の慈善歌劇会に出演[国]、14日大阪毎日新聞社神戸支局主催慈善歌劇会に出演[聚]
1916			**1月1〜10日** **正月公演**[パ] (歌)内裏獅子(久松一聲) **3月19日〜5月21日** **春期公演**[パ] (歌)霞の衣(松居松葉) (歌)竹取物語(小林一三) (歌)桜大名(久松一聲) **7月20日〜8月31日** **夏期公演**[パ] (劇)ヴェニスの夕(西本朝春) (歌)松風村雨(小林一三) (歌)夕陽ヶ丘(小林一三) (ダ)ミニュエット(宝塚少女歌劇団) (ダ)バーレー(宝塚少女歌劇団) **10月20日〜11月30日** **秋期公演**[パ]	3月31日箕面動物園閉園。 12月16・17日大阪毎

	1917
(歌)おもちゃ箱（久松一聲） (歌)お伽の森（無名氏） (喜)ダマスクスの三人娘（小林一三） (歌)中将姫（久松一聲）	**1月1～10日** **正月公演**[パ] (歌)笑の国（久松一聲） (歌)歌かるた（橋詰せみ郎） **3月20日～5月20日** **春期公演**[パ] (歌)花争（小野晴通） (歌)アンドロクレスと獅子（村岡貞一） (歌)為朝（久松一聲） (調)藤あやめ（久松一聲） (歌)案山子（小林一三） **7月20日～8月31日** **夏期公演**[パ] (歌)桃色鸚鵡（小林一三） (伽)大江山（小林一三） (歌)女曾我（久松一聲） (悲)リザール博士（小林一三） (オ)夜の巷（小林一三） **10月20日～11月30日** **秋期公演**[パ] (歌)コサックの出陣（獏与太平） (歌)下界（久松一聲）
日新聞社主催慈善歌劇会に出演[浪]、19日大阪毎日新聞社神戸支局主催慈善歌劇会に出演[聚]	12月22・23日大阪毎日新聞社主催慈善歌劇会に出演[浪]、25日大阪毎日新聞社神戸

年	『歌劇』 発行月日・号　主な論稿	『歌劇』 「高声低声」中の「なつかしさ」使用例	宝塚少女歌劇団の動向 主要公演	宝塚少女歌劇団の動向 主要公演以外の活動など
1917			(喜)ゴザムの市民（加藤邦） (歌)屋島物語（楳茂都陸平）	支局主催慈善歌劇会に出演[聚]
1918	**8月15日　創刊号** ●「反響に省みて」		**1月1〜20日** **正月公演**[パ] (歌)石童丸（橋詰せみ郎） (歌)厩戸王子（小林一三） (伽)鼠の引越（久松一聲） **3月20日〜5月20日** **春期公演**[パ] (伽)一寸法師（小林一三） (喜)新世帯（赤塚浜荻） (歌)神楽狐（久松一聲） (歌)静御前（久松一聲） (歌)羅浮仙（楳茂都陸平） **5月26〜30日** **第一回東京公演**[帝] (歌)三人猟師（久松一聲） (歌)雛祭（小林一三） (歌)桜大名（久松一聲） (喜)ゴザムの市民（加藤邦） (歌)コサックの出陣（獏与太平） (歌)下界（久松一聲） (歌)羅浮仙（楳茂都陸平） **7月20日〜8月31日** **夏期公演**[パ] (伽)猿蟹合戦（箕岡満智子、楳	1月29日聯合軍慰問使派遣基金募集のための神戸青年会主催慈善歌劇会に出演[聚] 5月4日大阪で関西医師大会にて上演[近] 6月2日女子大学出身桜楓会名古屋支部主催慈善歌劇会に出演[御]、6日京都健康会・青年会主催慈善会に出演[岡] 7月3日金蘭女学校建築基金募集歌劇会に出演[聚]

	●田辺尚雄「日本歌劇の曙光」 ●某中学校長談「宝塚少女歌劇見物禁止に就て」 ●水島爾保布「概感だけ」 ●鈴木賢之進「傾聴すべき真面目の批評」 ●与謝野晶子「武庫川の夕」 ●小林一三「日本歌劇の第一歩」 ●楳茂都陸平「東京見学旅行記」 ●「独唱？合唱？」 ●「宝塚パラダイスより」 **11月3日　第2号** ●川方哲二「何れに行かんとするか」	茂都陸平改作) (歌)造物主(久松一聲) (歌)七夕踊(楳茂都陸平) (歌)クレオパトラ(小林一三) (歌)江の島物語(小林一三) **10月20日〜11月30日** **秋期公演**[パ] (伽)馬の王様(前田牙塔) (歌)青葉の笛(小林一三) (歌)鼎法師(楳茂都陸平) (歌)出征軍(小林一三) (歌)お蚕祭(久松一聲)	9月26・27日京都公演[岡] 12月3日協和会主催公演[央]、14・15日大阪毎日新聞社主催慈善歌劇会に出演[央]、17日大阪毎日新聞社神戸支局主催慈善歌劇会に出演[聚]
1919	**1月1日　第3号** ●大野広太郎「これ果して学校組織か」 ●小林生「生徒の前途はどうなりますかといふ質問に対して」	**1月1〜20日** **正月公演**[パ] (伽)花咲爺(赤塚浜荻) (歌)鞍馬天狗(久松一聲) (喜)啞女房(坪内士行改訳) (歌)鶯替(池田畑雄) **3月20日〜5月20日** **春期公演**[公]	1月6日宝塚少女歌劇養成会解散、宝塚音楽歌劇学校創立、校長小林一三。 2月5日大阪市主催第四師団西比利亜出征軍歓迎会に出演[央]、6日ウキルミナ

年	『歌劇』 発行月日・号 主な論稿	「高声低声」中の「なつかしさ」使用例	宝塚少女歌劇団の動向 主要公演	主要公演以外の活動など
1919	**4月17日 第4号** ●秋生「天津乙女へ」 ●「宝塚音楽歌劇学校の設立」 **8月1日 第5号** ●小林一三「再び東京帝国劇場に宝塚少女歌劇を公演するに就て」 ●「少女歌劇是非録」 ○堀正旗「ポプラの教室から」	●御慕しい高浜喜久子様、(略)去年の夏期公演、《江の島物語》の稚児音丸……たまらないほど今なつかしう御座います。(大阪、都路生)	〔伽〕こだま(田中丘人) 〔歌〕千手の前(加藤邦) 〔喜〕家庭教師(久松一聲) 〔歌〕桶の中の哲学者(ボン原作、大島紅鳥改作) 〔歌〕文珠と獅子(楳茂都陸平) **5月26～31日** **第二回東京公演**〔帝〕 〔歌〕花争(小野晴通) 〔歌〕神楽狐(久松一聲) 〔歌〕桃色鸚鵡(小林一三) 〔歌〕鼎法師(楳茂都陸平) 〔喜〕啞女房(坪内士行改訳) 〔歌〕小町踊(楳茂都陸平) **7月20日～8月31日** **夏期公演**〔公〕 〔歌〕蟹満寺縁起(岡本綺堂、坪内士行改修) 〔喜〕膝栗毛(赤塚浜荻) 〔歌〕源氏物語 賢木の巻(小野晴通) 〔喜〕世界漫遊(ダビッド、和田方改作) 〔歌〕風流延年舞(池田畑雄)	女学校校舎増築募金音楽会に出演、25日安徳会主催慈善歌劇会に出演。 3月17日箕面公会堂を移転改築した公会堂劇場が完成。 6月3日桜楓会名古屋支部主催慈善歌劇会に出演〔御〕、6日京都基督教青年会・健康会主催慈善歌劇会に出演〔岡〕、21日健母会主催歌劇会に出演〔央〕 7月5日大阪割烹学校新築基金募集少女歌劇会に出演〔央〕 9月17日神戸基督教青年会・神戸教会婦人会主催慈善歌劇会に出演〔聚〕 10月2・3日京都青年会・日本健康会主催慈善歌劇会に出演〔岡〕、10日常盤幼稚園

	11月1日　第6号	●私達の大好きな松子様にやつと廿六日になつかしい宝塚でお目に掛りました。（K子、T子）	**10月20日～11月30日** **秋期公演**[公] (伽)瘤取物語（樋路家通） (歌)灯籠島（久松一聲） (歌)ジャンヌ・ダルク（中尾晩香） (歌)涅槃猫（楳茂都陸平） (喜)女医者（岸田辰彌）	主催歌劇会に出演[央] 12月13・14日大阪毎日新聞社主催慈善歌劇会に出演[央]、17日大阪毎日新聞社神戸支局主催慈善歌劇会に出演[聚]
1920	**1月1日　第7号** **3月20日　第8号** ●柳川礼一郎「少女歌劇は永久に歌劇界のAmateurとして自己をみいだす可きや如何?」 ●曾野功「宝塚少女歌劇のとるべき途に就て」 **6月16日　第9号** ●坪内士行「劇団の生命」	●私の大好きな大江文子さんにやつと去る一月五日なつかしき宝塚にてお目に掛りまして、うれしくてうれしくてなりませんのよ、（芦屋、K子T子） ●おなつかしい春日花子さん、私はあなたを初て見ましたのは《神楽狐》の時でした、（KS生） ●阪急電車、宝塚、私は此の名を聞くと胸がわくわくして堪まらなく懐しい。郊外電車の中で阪急程一種の快感と親愛さとを覚える電車は無い。（A.M.生） ●此間もアルバムを繰つてゐましたら、《江の	**1月1～20日** **正月公演**[公] (伽)文福茶釜（服部九蔵） (歌)余吾天人（高安月郊） (歌)魔法の種（赤塚浜荻） (歌)西遊記（久松一聲） **3月20日～5月20日** **春期公演**[公] (歌)罰（坪内士行） (歌)金平めがね（久松一聲） (歌)思ひ出（フェルスター、堀正旗改修） (歌)毒の花園（岸田辰彌） (歌)しみのすみか物語の中　酒の行兼（楳茂都陸平） **6月26～30日** **第三回東京公演**[帝] (歌)余吾天人（高安月郊） (歌)金平めがね（久松一聲） (歌)毒の花園（岸田辰彌） (歌)西遊記（久松一聲）	2月6日博愛社主催慈善歌劇会に出演[央] 5月26・27日京都基督教青年会・日本健康会主催慈善歌劇会に出演[岡]

『歌劇』

発行月日・号　主な論稿

8月22日　第10号

●小林一三「時代錯誤歌劇論」

「高声低声」中の「なつかしさ」使用例

島物語》やら《猿蟹合戦》の絵葉書がありますの。どんなになつかしい思ひがしたでせう、(まさ子)

●喜久子さま、ほんとに私はあなたが外のどなたよりもなつかしく思ひますの。(略)ほんとうに私の好きななつかしい喜久子様。優美な姿と美しい淋しい唄の高浜喜久子様よ。(東都にて 名なし草)

●私は、一人の少女を不思議になつかしく見出したのでありました。しかし、容姿服装などから見て、其少女は何処にも決して人を引つける様な処はもつてゐません。(略)けれ共、私は其少女に何共云へない、なつかし味を覚へて、(略)唯このみすぼらしい、と云つてもいゝ様な姿に、理不尽もなく引きつけられるのでありました。(略)春の公演に好評だつた《竹取物語》を、新らしい役割で、まだ舞台で名を知られてゐない、新参の生徒によつて演じさせられたのでありました。その時、竹取の翁をした少女こそ、あのいつもいつも私が、道すがらでなつかし味を感じてゐた、少女ではございませんか!(略)自分が日頃から憧れとなつかしみとをもつてゐて、まだ名さへ知らぬ少女の初めての舞台姿！其をこの日はじめて見たのでございました。さうし

宝塚少女歌劇団の動向

主要公演

(歌)酒の行兼(楳茂都陸平)

7月20日～8月31日

夏期公演[公]

(歌)乱菊草紙(小野晴通)

(歌)コロンブスの遠征(室町銀之助)

(時)八犬伝(赤とんぼ)

(歌)夢若丸(白蓮女史原作、宝塚少女歌劇団改作)

(喜)正直者(岸田辰彌)

主要公演以外の活動など

7月4日桜楓会名古屋支部主催慈善歌劇会に出演[御]

て、到頭私はうれしいことにも、竹取の翁の少女、其少女の名が、「高砂松子」と云ふのだと云ふ事をも、其日はじめて知つたのでありました。（略）其始めはたゞ訳もなくなつかしいと思つた少女、続いて彼女の芸風が進むにつれて、きつとこの少女は、将来の宝塚少女歌劇団を脊負つて立つ人だ、と思ひ蔭乍ら彼女の成功を祈つてゐました私には、今こうした彼女を見る事は（略）涙ぐましい程の嬉しさを覚えずには居られません。（略）あの最初の翁と、そして「恋の重荷をエンサカホイ」の一節が、どうしても私の眼と耳底とに、なつかしいなつかしいものとなつて、いまだに残つてゐるのでございます。（紅雨）

●私は月に一度は、必らず古い知己を訪れる様な懐しさを以て宝塚へ参るものでございます。（一九二〇、七、四、山正生）

●私はどうしていつまでもこの田舎臭い金沢の地に留れよう、一刻も早く大阪へ帰つてなつかしい宝塚へ行きたい、（略）「いしばし」……「いけだ」なつかしいその名よ。（略）長い廊下を一歩々々踏みしめて過ぎ行くうれしさ、いつに変らぬ売店のデブチャン迄がなつかしい、（長篠生）

●さて、旧作の再演をやつてみたがその結果はどうであつたか、（略）下げ髪姿の昔ながらの舞台にもううつとりとして、たゞ懐しい思ひ

11月27日 第11号

●坪内士行「問題としての時代錯誤歌劇」

●統亜書楼主人「素人

9月7日鉄道青年会主催慈善歌劇会に出演[央]、22日桜楓会神戸支部主催慈善歌劇会に出演[聚]、28・29日京都青年会・健康会主催慈善歌劇会に出演[岡]

10月20日～11月30日
秋期公演[公]

(歌)灰酒（藤本統鳳）
(歌)お夏笠物狂（久松一聲）
(喜)五人娘（坪内士行）
(歌)小野小町（小野晴通）
(舞)月光曲（岸田辰彌）

年	『歌劇』発行月日・号　主な論稿	「高声低声」中の「なつかしさ」使用例	宝塚少女歌劇団の動向　主要公演	主要公演以外の活動など
1920	の見たる宝塚少女歌劇」	出で胸が一杯になつた。（T生） ●泉らん子！ あゝなつかしい泉蘭子よ！（鏡子） ●住江岸子君（略）一公演毎に進んで来る君の芸を喜んで居ります。君の瞳も私にとつては懐しいものゝの一つです。（大阪勿忘草） ●桂芳子様に——。（略）京から入学なさいました只一人の生徒さんとしての貴女が、同じ京の町にすんでゐる私にとつてはほんとうになつかしくて御友達の様な気がいたします、（京香世子）		12月10～12日大阪毎日新聞社主催慈善少女歌劇会に出演[央]、17日大阪毎日新聞社神戸支局主催慈善宝塚少女歌劇に出演[聚]
1921	**1月1日 第12号** ●小林一三「西洋音楽の普及と堕落との区別」 ●巌谷小波「七年振に来て見て」	●終りにのぞんで向ふ見ずの罪を幾重にも御許し下さいます様、さらば我がなつかしき末子様！ らん子様の！ 御健在を……（鏡子） ●おなつかしい高浜喜久子様（略）皆様が歌劇にと申されますと、喜久子様のお美しいお姿なり、管絃部の方々の御熱心なお姿なりが目の前に浮かんできますの。中でも高木先生のおつもをふつて指揮なさる熱心なお姿思つてもなつかしゆう御座います、（桃園春子） ●愛する喜久子様！（略）懐しい忘れ得ぬ方よ。私は来年の初夏になれば貴女がいらつしやると思ふと月日の流れは少しも惜しくありません。（略）懐しい西の空！ 私の好きな喜久子様！ 憧憬の地よ宝塚！ ほんとに私の好きな	**1月1～20日** **正月公演**[公] (伽)雀のお宿（楳茂都陸平） (歌)岩戸開（久松一聲） (歌)アラビアン・ナイト（菊月十二男） (歌)新道成寺（川村利男原作、宝塚少女歌劇団改作） (舞)月光曲（岸田辰彌）	

3月1日 第13号

●小林一三「一部二部の区別」

●孔雀小路夢彦「男形の話」

4月1日 第14号

なつかしい高浜喜久子様!! ますますお励み遊せ。(東京、名なし草)

●春日花子さん、(略)君のアノ浮き出た満月の様な可愛い顔は私にとつては最も懐かしいのです。(深草の里、H生)

●宝塚少女歌劇団!!名からして懐しい清らかな感じを私達に与へます。(みの字)

●私の大好な大江文子様もお正月公演限り名残多くも宝塚を御退きなさいましたよし、私は大変寂しく悲しう存じます。(略)せめて昔の脚本絵葉書によつておなつかしい御姿をおしのび致す事で御座います。(美夢草)

●大阪人の様に、屢々宝塚へ通ひ得ない私等京都は、なつかしい宝塚にあこがれて、脚本集や楽譜集やえはがきを抱いて、たつた一度きりしか見ない正月公演を思ひ出しては、ほゝえんでゐるのです。(京都にて清上和)

●音高い風が雪を運んで容赦なく吹きつけてゐます、冬の夜更をひとり宝塚になつかしみつゝ筆をとります……(略)俺は何より松並木と武庫川がなつかしい、(仙台 K、T、生)

●《新道成寺》の初めの里の女は昔の《中将姫》を思ひ出す様な懐かしいものでした。作者は団外の方ですが、どちらかと云へば久松先生向きの歌劇です。(岡野鉄棒)

●こんなことから篠原君は僕にとつて一番なつ

3月20日～5月20日 春期公演・第一部[公]

(舞)春から秋へ(楳茂都陸平)

(歌)王女ニーナ(岸田辰彌)

(新)二葉の楠(坪内逍遥作、坪内士行改修)

(喜)守銭奴(モリエール原作、森英流作)

(歌)筑摩神事(久松一聲)

3月20日～5月20日 春期公演・第二部[パ]

(伽)仙女の森(久松一聲)

(伽)佐保姫と手品師(金光子)

(伽)ヘンゼルとグレーテル(岸田辰彌)

3月1日刊行の『歌劇』13号で小林一三が4月からの隔月刊を発表、3日金蘭会主催慈善歌劇会に出演[央]、20日二部制公演を開始、22日理事吉岡重三郎が歌劇界視察のために渡米。

『歌劇』

発行月日・号　主な論稿

5月1日 第15号

●坪内士行「社会と文芸」

「高声低声」中の「なつかしさ」使用例

かしい人だ、何んだか姉さんと呼んで見たいような。（西村暁雨）

●春日花子さん。（略）撫子のやうに愛らしい岸子さん、宝塚一のダンサーたる香久子さんも好きですが、貴女ほどの懐かしみは感じません。（湯浅よし夫）

●僕も純な高級歌劇（御伽劇に対して）よりは御伽劇が好きです。今でも《桜大名》や《一寸法師》を思ひして、もう二度と見られない歌劇を懐しく思つて居ます。（ＡＫＩＲＡ生）

●初日に早速二部の方を見に行きましてん。（略）向ふの大けな歌劇場に遷る以前のことが思ひ出されて、そりやあなつかしうおまつせ。（箕面生）

●次に嬉しいのは久松さんの《筑摩神事》でした。（略）「漣や……から比良に積む雪」のなつかしい調子、夢うつゝでしたよ。（聖一生）

●幾日か振りになつかしい武庫の川辺に一日を終へて、夢心地に酔つた自分を乗せた電車が宝塚を去つたのはまだ明るい内だつたのに、刻一刻あたりを包んだ夕闇は、もうすつかり車外の総てを滅して終ひました。（灯の町）

●あのなつかしい宝塚も私には笹原さんあつての宝塚ですの。（神戸、田津子）

●初めは単純なあどけない心の波も段々真剣に

宝塚少女歌劇団の動向

主要公演

主要公演以外の活動など

5月1日刊行の『歌劇』15号から月刊、編集主幹が寺川信に変わる。

6月1日 第16号

●小林一三「歌舞伎劇の改善と松竹の運命」

●小林一三「帝劇公演芸題の選択と二部制度実行の結果に就て」

●楳茂都陸平「日本舞踊の新機運」

7月1日 第17号

●小林一三「歌舞伎劇

あきたらなく不安を感ずるのです。そうしてやがて懐しい揺籃を淋しく捨てゝ家庭へ去つて行かれました。（きよじろ）

●愛恋の地宝塚は今や青葉若葉の彩り美しく、武庫川の流もなじみて彼方此方に糸を垂る人も懐しく見受けられます。（京都ＴＳＩＣＫ患者より）

●僕は四年前からのＴシック者です。然し悲しい哉、此度或都合の為、当岡山に参りました。今迄は大阪から好く宝塚へ通つたのに、最早此んなに離れては度々見る事も出来ず独り東の空を眺めては懐しく思つて居ります。（紫華夫）

●「笠がよう似た菅笠が……」（略）この小唄を口吟さむ毎に、僕はあの時分のことを思ひ出して、ひとり懐しい気持になるのです。今度の試演に貴女のお口から、再びあの懐しい歌を聞くことが出来ると思ふと、その日が待遠しくてなりません。どうか岸子さん、僕達の期待に背かず、去年の秋よりも一層お上手なのを聞せて下さい。（春草）

●露子さんの苗姫を見て（よく出来ましたが）一層あなたの可憐な苗姫を懐かしう思はれます。あゝ宝塚にゐなくてはならぬ、花子さんよ。さらば、とはに幸こそあれ。（夢の通路）

●華やかなオペラの宵よ。宝塚歌劇場のボック

6月26～30日
第四回東京公演［帝］

（舞）春から秋へ（楳茂都陸平）
（歌）筑摩神事（久松一聲）
（歌）お夏笠物狂（久松一聲）
（舞）月光曲（岸田辰彌）

7月2日桜楓会主催

年
1921

『歌劇』

発行月日・号　主な論稿

に洋楽を取入れたる失敗」

8月1日　第18号

●坪内士行「小劇場可否論」
●有島武郎「雑談」
●「私の初舞台(一)」
●「東京及び名古屋公演諸家批判」
○坪内逍遥「手に入つてゐる」
○松本幸四郎「台詞は芝居のまゝではは不可」

「高声低声」中の「なつかしさ」使用例

スから見る皆さんもなつかしい。が優雅な京の公会堂で見る少女歌劇も亦一種異つたなつかし味を感じる。(京都　美登子)

●半年振りで五月廿四日の夜の部に、おなつかしい皆様に、御目にかゝる事が出来ました嬉しさを、誰に語らん由もなく(無名草)

●轟く胸を押へ乍ら、今買つた許りの『歌劇』(十六号)を繙く、巻頭の口絵写真もなつかしい、(O生)

●私は五月十五日の日曜日に、久しぶりでなつかしい宝塚を訪れました。(神戸　まき子)

●さらばなつかしの稲子様、永久永久に美しからん事を。(いな子崇拝者)

●では滝子様の御成功の日を待つて居ります、なつかしい皆様、さようなら。(神戸　ふみ子)

●有明さん　どの役もまじめに熱心にすなほになさる静な優しい淋しみのある貴女が、笹原さんと共に何誰よりも一番懐しうございます。(東京　野菊のはな)

●久々で懐しい歌劇を見ました。どうもえらい人気でしたね、結構です。(ダブル生)

●去年は母に連れられて大阪まで見に行きましたワ、(略)演題は丁度《コロンブスの遠征》や《夢若丸》等でしたワ、私はあの時程懐しく嬉しく見た事はありませんでした。(東京S子)

宝塚少女歌劇団の動向

主要公演

7月20日～8月31日
夏期公演・第一部[公]

(歌)希臘神話パンドーラ(安藤弘)
(振)隅田川(坪内士行)
(喜)成金(森英流)
(歌)田楽男(楳茂都陸平)
(喜)ネヴキーライフ(岸田辰彌)

7月20日～8月31日
夏期公演・第二部[パ]

(伽)牛若と弁慶(大江夢香原作、宝塚少女歌劇団改作)
(伽)結婚嫌ひ(アンダーゼン原作、安藤弘訳)
(伽)番太鼓(楳茂都陸平)
(喜)犬の停車場(久松一聲)

主要公演以外の活動など

名古屋公演[御]、10日第一回『歌劇』誌友大会開催[パ]、23日吉岡重三郎帰着。

9月1日 第19号

●吉岡重三郎「歌劇見物を中心として」

●「私の初舞台(承前)」

●柑子花「宝塚哀話自殺した少女の手紙」

●私の大好きないな子様、(略)昔の事を思ふとほんとになつかしくなります、(西宮敏子)

●ハイカラないな子様……。滝川さんのなつかしいお瞳……。住江さんの可愛い可愛いゑくぼ。(略)私しは此の人達を見ながらも、なつかしいなつかしい人をさがしました。根の高い束髪に白粉気のないやさしいお顔……美しい眉、細い眼、私は是だけですぐ松子さんだといふことを知りました。片時も忘れた事のない、なつかしいその人を、それとみて知つた時、私は私しのハートは俄かに戦きました、(大阪にてA子)

●春日花子様。(略)平素社会の悪い空気を吸ふて活動して居て、時々の休養になつかしい宝塚で一日を暮すのが、何より私の最大娯楽なのです。私は何よりも貴女の真面目な芸、優しいお月様の様な顔、其に可愛い声が好きなのです。(深草の里より)

●私は七月二十三日に行きました、そして御なつかしい松子様に御目にかゝりましたの。プロメチユースを見ましてあまりの御慕はしさに胸をおどらしてぢつと見入りました。(神戸 小夜子)

●久方静子さん、七月十七日の日曜日に久し振りでなつかしい宝塚を訪れました。(信麓生)

●時には私に秋田さんてお呼びになる事もありますの。そんな時なんか本当にうれしくつて

9月20日～10月19日
秋期月組公演公

㊕夢眠の女神(岸田辰彌)
伽煤烟の小路(安藤弘)
歌邯鄲(久松一聲)
歌由良の荘忍ぶ草(坪内士行)
伽杓子ぬけ(楳茂都陸平)

9月6日西宝線開通式の余興として出演。
10月15日一部・二部を花組・月組に改組。

年：1921

『歌劇』

発行月日・号　主な論稿

10月1日　第20号

●吉岡重三郎「歌劇見物を中心として（続）」

●楳茂都陸平「私の思ひ出」

●柑子花「哀話自殺した少女の手紙（承前）」

「高声低声」中の「なつかしさ」使用例

たまりませんわ、なつかしい貴女の御名かと思ふと……（堺市　鈴子）

●美也子様、私をおぼえてゐて下さいますか知ら、幼なじみのなつかしい美也子様よ、（略）今から考へると何も彼もほゝ笑まれるやうななつかしなつかし思ひ出ですわ、（天王寺　鈴子）

●毎日寺町の桂さんのお宅へ、御千度してやうやく『歌劇』を手にする事が出来ました。でも遠くにすむものは、これが一番なつかしい本なんですもの、うたの町宝塚に行けない、悲しさの万分の一でも少くしてくれますから。（麗子）

●可愛らしい滝野久子、一条の「チヤボ」と同名で一層なつかしい。（聖一生）

●名古屋の御園座の公演を見て間もない七月の二十九日再びあの懐しの宝塚に飛んで行きました。（志藻佐士）

●滝川末子様、御病気如何ですか。青い月光で貴女の写真をながめてゐるとたまらなくなつかしくなりました、（略）あゝなつかしい、末子様貴女は今どうして入来いますか、（X子）

●八月二十一日は久方振りでなつかしい貴女のお顔を拝見せうと楽しんで居ましたのに、御不快で休演なすつて居られましたので非常に失望致しました。（略）末子様如何ですか？

宝塚少女歌劇団の動向

主要公演

10月20日～11月30日

秋期花組公演 [パ]

(歌)那須の馬市（久松一聲）

(歌)カインの殺人（東山松夫）

(歌)田舎源氏（青柳健）

(喜)能因法師（岡本綺堂原作、山下凉草改作）

(喜)恋の老騎士（寺川信）

主要公演以外の活動など

11月1日 第21号

●柑子花「哀話自殺した少女の手紙」

大分長らく御休演なされて居ますので心配でなりませんの。(神戸喜代子)

●住江岸子様。あなたは何んと云ふまあ可愛いお方なんでせう、優しくつて無邪気で愛嬌があつて小柄でお声の愛らしさつたら亦格別、妾はほんたうに飛びつきたい位心から貴女が懐しゆう御座います。(夜詩子)

●春日花子様、(略)年一回の帝劇公演しか見られない物足りなさから美しい御うつし絵や『歌劇』によつて御消息を伺ひヤツト慰めて居りました。それが幾月かの後なる彼日望みが遂げられてなつかしい、宝塚のパラダイスへ運ばれた時はほんとに救はれた様な喜びを感じました。(東京真砂子)

●去る九月五日なつかしい宝塚の皆様方が聚楽館へいらつしやいましたわネ。(神戸水青子)

●御病床の花子様、九月二十五日と十月の八日に参りました、二十五日の日、私は脚本になつかしい貴女のお姿を見た時、もう飛び立つ程嬉しう御座いました。(広代)

●春日党はそれが一番一番心配なんです、花子様のあまりに御身体のお弱い事が……ア、なつかしの花子様!(S子)

●私の一番すきな可愛い可愛いお人形の春日様よ、又御病気ですつてね。本当にどうなすつたの、私心配で心配でなりませんわ。折角宝塚へ行つても、あのおなつかしい貴女のおす

11月1日刊行の『歌劇』で12月号の休刊を発表(新年増大号のため)、4日京都基督青年会・日本健康会招聘公演に月組出演㊋

年	『歌劇』発行月日・号　主な論稿	「高声低声」中の「なつかしさ」使用例	宝塚少女歌劇団の動向　主要公演	宝塚少女歌劇団の動向　主要公演以外の活動など
1921		がたを見る事が出来ないんだもの、まつたくつまら無いわ。(銀蘭) ●第二番は《忍ぶ草》でした。乙女さん、花子さん、末子さんは、どうであらうかと気をもんでをりました処、乙女さんが太助となつて最初にあのなつかしいお顔をお見せ下さつたのでやつと安心致しました。(春日野鹿守) ●若菜君子様、(略)浅茅様が御止め遊ばしてから君子様が一層おなつかしうございます。(略)先日寺町で皆様の帝劇公演の時の御写真を求めました。前の方に浅茅様と、君子様がゐらつしやいますので毎日拝見して御なつかしう存じて居ります。(略)御身御大切に遊ばしませ、御なつかしい大好きな君子様、それぢや左様なら。(君子党の一人 T子) ●門田芦子様、花の様に美しく蝶の様に身軽な芦子様、ほんたうにあなたのどこまでも純なとりなし、しかも人なつかしい姿はたれとてもた丶へしたわない方はないでせう。(大阪 K枝)		12月6日大阪地方専売局改称祝賀会招聘公演に月組出演[央]、17・18日大阪毎日新聞社主催慈善歌劇会に出演[央]
1922	**1月1日 第22号** ●小林一三「少女歌劇の意義」 ●広瀬文豪「教育家から観た宝塚少女歌劇」	●秋期公演の二回目の花組の方のがはじまつて四日目、なつかしいなつかしい宝塚へ行きました。(神戸 小夜子) ●有明月子様、私の弟は私より二才下の十六歳でした。(略)其弟が十三日に私となつかしい	**1月1～25日** **月組公演**[公] (喜)まぐれ当り(山田志軒) (伽)サンタクロース(中山富美緒) (歌)吉備津の鳴釜(久松一聲)	1月1日年八回公演の開始。

2月1日 第23号

歌劇場で貴女達の美しいお姿を拝見してから丁度五日目の今朝亡くなりました。（千草穂）

●久方しづ子様。節信の時の美しいお姿がたまらなくなつかしい、美しいソプラノには全く酔はされてしまひます、（待宵草）

●堺市の鈴子様とか喜美子様等も秋田党の方々で居られますのね、ほんとにおなつかしく御座いますわ、（京都郊外　緋出子）

●春日君は其当時は《金平めがね》の人形に扮して可愛い姿で踊つて居られました。此時私は始めて貴女と云ふ事を知つたのです。（略）夏期公演には貴女は二部の人となられました。（略）二回目に宝塚を訪れました折はなつかしい貴女の姿が見えず、実に心惜しく思ひながら君の一日も早く健かな顔のステージに表はるゝを祈りつゝ帰りました。（ＣＨ生）

●おなつかしい月子様。私が貴女をお知りしましたのは今を去る一年前の事でございます。（神戸　ＫＹ）

●天野香久子様、露子さまの次に好きな香久子様、（略）私はなんだかあなたがなつかしくてなつかしくて仕方がありませんの、妹の様に思はれますの、（大阪露香）

●滝川様、私は貴女見たいばつかりに正月五日をあのあこがれの地宝塚へ行きました。私の足の向くのは勿論あのなつかしい君の花組の方ですとも。（滝ノ子）

(喜)初夢（春の屋主人）
(歌)日の御子（坪内士行）

2月1～25日
花組公演 [パ]
(伽)魔法の人形（小山内薫原作、白井鐵造改修）
(歌)万寿の姫（赤塚浜荻）
(歌)メッシナの花嫁（シルレル原作、藤城喜市改作）
(歌)榎の僧正（久松一聲）

年	1922
『歌劇』発行月日・号　主な論稿	**3月1日　第24号** ●竹久夢二「宝塚のこと」 ●寺川信「労農治下の露西亜劇壇」
「高声低声」中の「なつかしさ」使用例	●若菜君子様、親愛なる君子様、私が君子様を御見知り致しましたのは大正八年の夏期公演の時からで御座いました。あの時君子様の《膝栗毛》の籠屋と《源氏物語》の小君を拝見して、君子様が一等おなつかしく、若菜君子崇拝者の一人となつてしまひました。籠屋のお美しかつた独唱、小君の可愛い美しい御姿、あの絵葉書を拝見する度に一しほ御なつかしう存じて居ります。（君子党の一人） ●五日！　五日！（略）私は御なつかしい末子様のお顔を拝見せうと飛んで地へまゐりましたの。（神戸喜代子） ●宝塚の少女歌劇は今の私にとつては何よりも一番好きななつかしいものです。（略）では一等なつかしい気持のする大好きな天津様はじめ皆様の御健在をはるか西北を眺めて祈つて居ます。（雪女） ●十号で（略）馬太伝十一章を記して、（略）かれらが赴く所に赴かしめて、巣立した、なつかしいもとの古巣へ、ふたたびかへつて来る日を待たうと、イエスの様な気になつて、言つはる人がおまんねン。（あざみ生） ●香久子様、新消息の……天野香久子の珍芸に一座をアッと云はせたり……の一くだりを私は幾度も幾度も繰り返し繰り返し読みまし
宝塚少女歌劇団の動向　主要公演	**3月15日～4月30日** **月組公演**［公］ (プ)春の流れ（向井八門、宝塚少女歌劇団改修） (歌)春日舞姫（小野晴通） (喜)鼻の詩人（青山圭男） (歌)成吉思汗（久松一聲） (歌)酒茶問答（二池桜邱）
宝塚少女歌劇団の動向　主要公演以外の活動など	

た。懐かしい貴女の御消息ですもの、どうして一通りで辛抱出来ませう。（星の子）

●電灯の光の下で古い脚本をひもといてゐるとなつかしい思ひ出のかずかずが糸をたぐる様にそれからそれへ浮んでまゐります……音羽子様！「江戸の風の神腹合せ……」つて踊つてゐらした頃のあなたを思ふと、私のほゝには一人でに笑がのぼつてくるのでムいます。（銀扇女）

4月1日 第25号

●宝塚!! 何てよいお名でせう……私は（略）実に熱心な最も真面目なる宝塚讃美者の一人なんです、（略）それからそれへと空想に耽りながら遥か西の空を眺めてはなつかしく思つて居りますのよ、お察し下さいませ。（略）では御なつかしい皆様よ、幸に健在なれ。（よいまち草）

●高砂松子様、二月公演も又御活躍で御座いますのね、もうこんなに日も立ちましたのに、私は未だなつかしい宝塚へまゐる事が出来ませんの。（ちどり）

●おなつかしい君子様!! 秋の野に清く淋しく咲きます、ゆかりの色の桔梗がお好きな君子様!!（愁花）

●殊に歌劇に知識の浅い私で、懐かしい、理論はヌキにして愛する宝塚の為め、一寸感じたまゝ見たまゝを書かせて頂き升。（森川きよし）

年	『歌劇』発行月日・号 主な論稿	「高声低声」中の「なつかしさ」使用例	宝塚少女歌劇団の動向 主要公演	主要公演以外の活動など
1922	**5月1日 第26号**	●なつかしい住江岸子様、私は貴女とあのお美しい松子姉様、春日様との仲よい三人の崇拝者なのでございますが、（みづ子） ●若菜君子様、御なつかしい大好きな、君子様、風雅な京都の公会堂で君子様の美しい立派なアートを見せていただくのも、いよいよ来月となりました。（多都子） ●おなつかしき宝塚の皆様方、私のお針屋をショーカイ致しませう、（月の子より） ●月組の印象（略）高木氏の作曲は、懐しい気持で聴くことが出来た、たんぽゝの母の歌は、中でも好かつた、（木村弘） ●ほんたうに皆様ごめんなさいね、悪口だらけで、なつかしい月組の人たちに幸あれませと祈りつゝ……ペンをおきました。（銀扇女）	**5月1～31日** **春期花組公演**[公] [舞]出世怪童（坪内士行） [歌]僧房を焼いて（久松一聲） [歌]シヤクンタラ姫（岸田辰彌） [喜]噂（呉五鈴） [踊]鬼酒（二池桜邸）	5月9・10日月組京都公演[岡]
	6月1日 第27号 ●小林一三「芸術第一義の立場から」 ●安部磯雄「進歩か退歩か」	●今度の興味豊かな春季公演の脚本集を読んで一番感じましたのは、久松先生の《成吉思汗》でございました。雪深い此の地の私には、異国劇ながら、同じやうな雪国の場面を使つた悲しい一条の此の物語が、只だわけなく慕はしく心から懐しいやうな思ひが致しました。（北海道 波留子） ●僕は此の四月から故郷神戸を去つて上京した者である、（略）思ひ出すもあの懐しいパラダイス、在神当時は脚本片手によく通つたもの	**6月26～30日** **第五回東京花組公演**[帝] [舞]出世怪童（坪内士行） [歌]邯鄲（久松一聲） [喜]能因法師（岡本綺堂原作、山下凉草改作） [歌]田舎源氏（青柳健）	6月1日刊行の『歌劇』27号から編集主幹が堀正旗に変わる、5日運動会挙行、8日桜楓会・金蘭会主催公演に花組出演[央]

だつた。而し上京してからと言ふものは見たいと思つても見られず、聞きたいと思つても あの懐しい声は聞かれず、只友の送り来る雑誌『歌劇』脚本楽譜等によつて少量ではあるが宝塚気分を味つてゐるのである。(東都にて 田中良三)

7月1日 第28号

●「宝塚音楽歌劇学校運動会の記」

●度々本誌上に見受ける「古い作も時折りは上演云々」は新しい宝塚狂達に対しては非常に喜ばれ、又古い人達には懐しみがあつて非常に良いのですけれど(ひとし)

●《金平めがね》や《酒の行兼》又は《お夏笠物狂》等から得た感興はもう再び得る事の出来ないものとして懐かしんで居ります。(勿忘草)

●音羽滝子君、先日須磨に行かれたさうですね。海の子の君にとつて、それはどんなに懐かしかつた事でせう。……(同郷のS生)

●誰も居ない静かな水色ルームの白いベッドの上で、又なつかしい宝塚の事をしのびつゝペンを静かに走らせてゐます。(略)おなつかしい、いな子様!!(略)いな子様の全部が幻の様に浮んできます。(薔薇子)

●たまらなく寂しい此のやうに淋しい夜半は、一人なつかしい君の事が想ひ出されます。慕はしいS様噫々……(ふみ子)

7月15日～8月20日
夏期月組公演[公]

[伽]金の羽(白井鐵造)
[踊]瓜盗人(坪内士行)
[歌]久米の仙人(久松一聲)
[歌]山の悲劇(岸田辰彌)
[歌]酒の始(岡本綺堂原作、青山圭男改修)

7月2・4日花組名古屋公演[御]

8月1日 第29号

●前号の『歌劇』に小林氏が我が「歌劇団は一

8月1日～9月10日
夏期花組公演[公]

年	1922
『歌劇』 発行月日・号　主な論稿	**9月1日　第30号** ●堀正旗「学校教育に浸潤しつゝある歌劇観」 **10月1日　第31号**
「高声低声」中の「なつかしさ」使用例	部の所謂劇通や、専門家達の為に建てたのではなくて、平凡な多くの人々の為に建てゝ置く考へである」と云はれたのは、抑も当歌劇団創立当時の昔が偲ばれてまことに懐かしい言葉である、と同時に宝塚とグランドオペラとを一緒になさる先生達に対して可成の皮肉である。（呑牛） ●東京公演を三十日の昼拝見致しました。（略）《能因法師》法師様の御声を伺つておなつかしうございますと叫んでみたい程おなつかしく存じました。（本郷にてはる江） ●……はてもない憧れごゝちに訪はれた私の心は遠く遠くまたなつかしい温泉の町にはこばれてゆきました、（略）なつかしい人々の夢に今よひもまた幸あれかしと祈りつゝ、淋しい影をふんで月の出そめた道を私は静かに辿りました、ほのくらい町の方へ――（銀扇女） ●おなつかしい露さま、しつかりお奮ひ遊ばして私等のよろこびを一層大きくして下さいませね。（兵庫なでしこ） ●初瀬音羽子様。僕は満足でした、お懐しい貴嬢のお姿が《山の悲劇》トニヲに扮してステージに現はれた時は、まつたく歌劇には無趣味な私にも何か感じを与へて呉れました。（潮香生）
宝塚少女歌劇団の動向 主要公演	(伽)盲目と象（坪内士行） (歌)白虎隊（池田畑雄） (歌)邪宗門（青山圭男） (喜)牧神の戯れ（岸田辰彌） (歌)亀山のゝ兵衛（久松一聲） **9月20日～10月31日** **秋期月組公演**[公] (伽)笛吹き爺（増岡正） (歌)平重衡（久松一聲） (無)ラツサの女王（岸田辰彌） (歌)丹波与作（池田畑雄改修） (喜)人格者（グレゴリー夫人原作、堀正旗改作）
主要公演以外の活動など	9月26日兵庫県・神戸市・神戸商業会議所主催アルメニヤ貧民救済慈善公演に花組出演[聚]、27日大隈侯紀念事業基金募集

●小林一三「生徒と其父兄へ」
●坪内士行「丸髷を論じて少女歌劇の将来に及ぶ」
●岸田辰彌「久松一聲氏の作品の傾向」

11月1日 第32号
●小林一三「演劇興行改善に対する国民文

●前号の三善和気氏のお話しを面白く読みました。(略)先生が宝塚歌劇の作曲をされる様になつてから、公演曲目にそのお名を見出すのを何かしら懐しく思ふ。《金平めがね》、《筑摩神事》、《番太鼓》、《雀のお宿》、《那須の馬市》、其他主として日本物の作曲にいつも好評を得ていられる。(美登子)
●まあ参拾号の『歌劇』の美しい事!!(略)なつかしいなつかしい宝塚に遠く離れた、東都に居る身にはこの美しい『歌劇』が唯一の慰めで嬉しい物なのでございます。(星優梨子)
●わらび様に紅涙女様、まだ一度もお目もぢせぬ見知らぬお二方様ながら何となうおなつかしくて……(略)どうかお二人様、私を芦子党のお仲間へ入れて下さいませな、(芦の子)
●末子様、灯火親しむべきの候の替りに舞台に親しむべきの候として次の秋季公演には益々御奮勉遊ばして、より以上に素晴らしい御活躍振りをお観せ下さいまし、楽しくお待ち申して居ります。なつかしき君の御健康を祈りつゝペンを置きます、さらば末子様、おすこやかに……!!(喜代子)
●松子様、御なつかしく存じます、私は何日も貴女の(略)アートをおしたいして宝塚に参りますのですわ、(鈴蘭子)
●舞踊劇《ラッサの王女》は余程苦心して出来上つたものらしい。(略)無言の動作に、管絃

10月29日～11月2日
第六回東京月組公演[帝]
(踊)瓜盗人(坪内士行)
(歌)平重衡(久松一聲)
(歌)山の悲劇(岸田辰彌)
(歌)丹波与作(池田畑雄改修)
(喜)人格者(グレゴリー夫人原作、堀正旗改修)

11月1日～12月1日
秋期花組公演[公]
(伽)お留守番(白井鐵造)

のための早稲田大学校友会神戸支部主催公演に花組出演[聚]
10月6日京都基督教青年会主催公演に花組出演[岡]

11月3日東京公演を伏見宮博恭王一行観劇、4日月組静岡公

年	『歌劇』 発行月日・号 主な論稿	「高声低声」中の「なつかしさ」使用例	宝塚少女歌劇団の動向 主要公演	主要公演以外の活動など
1922	芸会の意見を笑ふ」 ●安部磯雄「野球と歌劇とを比較して生徒諸子に望む」 ●堀正旗「民衆劇としての宝塚少女歌劇」 ●「帝劇上演曲目懸賞募集成績発表」 ●柳川紅夢「宝塚少女歌劇へのNostalgia」	楽をもつて所謂意味深長さを表白するこの劇が私には何となく、床しく、なつかしく思はれた。（澄けんじ） ●新装した第参拾壱号本当にありがとうございました。（略）それにまあ今度のは口絵が皆大好な方達ばかりなんですもの、もう嬉しくて……（略）おなつかしい若菜君子さまの羅刹。可愛いゝみ姿の少年鼓手は淡島さまね。（東京、小池武子） ●自分はアーサー・シモンズの様に脚光（ルビ：フットライト）の前の舞姫に憧憬れてゐる。（略）淡いせんちめんとに涙ぐましい懐しさ淋しさを注ぐ者である。（略）美しい童話からこつそり抜けだした魔法の赤い鳥、有明月子の芸術を讃美するものである。（神崎京二） ●松子さま富士子さま巽さま露さまもおなつかしくて、花子さまや浪子さまもお可愛いゝのね。（東京小池武子） ●今年の夏は去年の夏にくらべてなつかしい皆さまに御病気の御方のなかつたのが一番に嬉しうございましたわ。（東京星優梨子） ●《山の悲劇》は一場だけで幕にしたならばどんなに芸術の香の高い、なつかしい作品になるでせう。（まさき）	(歌)竈姫（久松一聲） (歌)奇蹟（メーテルリンク原作、坪内士行改作） (歌)灯籠大臣（小野晴通） (喜)ジユリヤの結婚（岸田辰彌）	演[歌]、7日月組名古屋公演[御]
	12月1日 第33号			

1923	
1月1日 第34号	●吉岡重三郎「皇族方の御観劇を忝ふして我劇界に一新例を開きたる宝塚少女歌劇の光栄と祝福すべき芸術界の新機運に就て」 ●「文芸諸家の帝劇公演に対する批評」 ○長田幹彦「少女歌劇は無邪気を尊ぶ」 ○南部修太郎「少女歌劇の誇りは甘く美しきセンチメンタリズムなるべし」 ○松本幸四郎「一つの新しき発見」 ○岡村柿江「《丹波与作》の上演は反対」 ○田中純「少女歌劇の生命は純真にあり」 ●「帝劇公演旅行のお土産話」 ●「雑誌『歌劇』愛読者大会」
	●懐かしい宝塚少女歌劇を見たのは三十日だつた。(村上夕映) ●ではなつかしい宝塚気分にひたらして下さつた美しい月組の皆様お健かに!!(東京さく子) ●待ちに待つた我がなつかしの宝塚東上公演は二十九日からいよいよ帝劇のステージに月に浮れ、花に舞ふて華かに展開されたのでありました。(略)まず第一の《瓜盗人》舞台情調と歌を蔭にしてある妙味に一段と清興を添へ劉喨なオーケストラに和してコーラスする少女達の歌は、いかにもなつかしみのある可憐な響きを伝へてくれた。(星優梨) ●愛する宝塚の皆様、新年は明けましてお目出
1月1〜20日 花組公演 公	
	12月16・17日大阪毎日新聞社主催慈善歌劇大会に月組出演 央

年	『歌劇』		宝塚少女歌劇団の動向	
	発行月日・号　主な論稿	「高声低声」中の「なつかしさ」使用例	主要公演	主要公演以外の活動など
1923		度うお目出度う。（略）尚今年も相変らず無邪気な愛らしいお姿をあのなつかしいステージにお見せ下さい。（さゝぶね） ●輝かしい肉体と美しい容貌とを持つ有明さんは選ばれた天才である。（略）舞台一杯に彼女の崇高な（ルビ：サブライム）芸術の燃料を燃焼させながら懐しい雰囲気に裹んでしまふ。（神崎京二） ●小池様、少画でもお目にかゝり、またこの誌上でもお名前を拝見しておなつかしく思つて居ります。私はあなたのお好きな滝川様によく似た名を持つて居ります。お交り下さいまし。（立川スヱ子） ●久しぶりでなつかしいTへ行つたのは、昨年の初夏……若葉色濃い六月！　丁度帝劇である試演の時でした。（略）この日私はどんなに嬉しかつたか……あらはされない位ですわ。それよりも私の好きな好きな若子様を初めて知つたのも其日だつたんです。大納言もアンセルムも、今から思ひ出すと昔祖母から江戸絵などを、よく見せてもらつた時の様な、なつかしい又お伽ばなしの静な和らかい感情が込上げて来ます。（琴浦織江） ●初瀬音羽子様、昨日今日はずいぶんお寒うございますが其後の御容体は？（略）おなつかしき音羽子様、この拙い文の中から私の心をお汲み下すつて、より以上健にならうとお考へ	(伽)親指姫（白井鐵造） (歌)清水詣（小野晴通） (歌)開闢以来（坪内士行） (歌)呉服穴織（久松一聲） (歌)室咲（池田畑雄）	1月22日新歌劇場・パラダイス劇場・大食堂・図書館・学校新校舎焼失。

2月1日　第35号

●小林一三「生徒を可愛がつて下さるお友達の方々へ」

●神崎京二「宝塚少女歌劇は永久に甘きセンチメンタリズムに終るべきか」

●「和気靄々たりし新年会と愛読者大会の盛況」

3月1日　第36号

●坪内士行「地方巡業を終へて」

下さいますならば、私はどんなにうれしく思ふことでございませう。（みをこ）

●なつかしい『歌劇』を読む時、何とも云へない楽しい気分にみたされるのです。あゝなつかしの『歌劇』よ、又今年も東都にて宝塚慕ふ子を慰めて頂だいね。（星優梨子）

●やつと一月ぶりでなつかしい宝塚に着き皆様の御健な舞台姿を拝見する事が出来ましたわ。（留理子）

●奈良美也子様。静かな春雨にぼーつとにじんだ灯の様に、そして暗い沖を見えつ隠れつゆれる不知火の様に、たまらない泪ぐましさと、懐しさを覚える瞳、その持主の貴女のお心も、きつとそれのやうに清く優しいものと私は信じて居ります。（千寿子）

●愛するあの懐かしい宝塚パラダイスが一朝にして其の残骸をも止めぬ程に全焼した事は何たる情ない運命の神に弄ばされたのでありませう。（さゝぶね）

●最後の《室咲》ではなつかしい過ぎし日の思出が今更の如く湧き返り、各々再びくりかへされた歌を聞きつゝ、昔なつかしさが胸にせまりました。（あや子）

3月20日～4月10日
月組公演[中]

(舞)吉例三番叟（阪東のしほ）
(伽)花王丸（久松一聲）
(歌)夜の潮（メースフィールド原作、坪内士行改修）
(踊)護花鈴（小野晴通）
(歌)琵琶記（赤塚浜荻）
(喜)あこがれ（岸田辰彌）

2月大阪毎日新聞社巡回病院主催公演に花組巡業（15・16日呉市、17～19日広島市、21・22日岡山市）。

3月3日黄微奨学会主催・大阪毎日新聞社後援公演に花組出演[央]、10・11日花組和歌山公演[弁]、20日宝塚中劇場こけら落とし公演開幕。

年	『歌劇』		宝塚少女歌劇団の動向	
	発行月日・号　主な論稿	「高声低声」中の「なつかしさ」使用例	主要公演	主要公演以外の活動など
1923	**4月1日　第37号** ●「宝塚少女歌劇団と称する団体の出現に就て」 **5月1日　第38号** **6月1日　第39号** ●小林一三「大劇場の反対者へ」 ●三嶋章道「宝塚を訪ひて」 ●『講談倶楽部』の記事に対し若菜君子外三名から訴訟を提起したる事に就て」 **7月1日　第40号** ●羽室絢次郎「芸術の永遠性を理想として」 **8月1日　第41号** ●小林一三「大劇場に伴ふ小劇場の経営」	●巻頭の詩なり歌なりが生徒さんの作品であることもたまらなくなつかしい。生徒さんの中にもこんなに文芸愛好家があるかと思ふと心強い。（延夫） ●メース、フイルドの原作としての《夜の潮》が矢張り目立つて懐しい。彼の忠義の中に得た印象と同印象のものであつた。（松平達八郎） ●滝川君の宗任、春日君のお君、秋田君の袖萩三人の思掛けない奇遇に手を取り合つて喜ぶ「さてもなつかし……」の歌詞は各嬢皆本当の気分で歌つて居られた。（かずよし） ●懐しい関西――ふるさと故に――宝塚故に――を離れて私は三月の末、東京に参りました。（藤詩路） ●ネルの単衣の肌触り！の様なごやかさを持つ奈良さんを懐しみます。その大国主命と、ヤコブに燃える桃色の情熱をも。（みづ夜）	**4月11日～5月10日** **花組公演**【中】 〔児〕すくなびこな（坪内逍遥） 〔歌〕アミナの死（岸田辰彌） 〔歌〕竜井寺由来（久松一聲） 〔歌〕貞任の妻（阪東のしほ） 〔喜〕蘇生（堀正旗） **5月11日～6月10日** **月組公演**【中】 〔伽〕兄さん閉口（坪内士行） 〔歌〕死の勝利（堀正旗） 〔歌〕東天紅（久松一聲） 〔歌〕采女礼讃（小野晴通） 〔喜〕権利（岸田辰彌） **6月27～30日** **第七回東京月組公演**【帝】 〔伽〕兄さん閉口（坪内士行） 〔歌〕あこがれ（岸田辰彌） 〔歌〕采女礼讃（小野晴通） 〔歌〕東天紅（久松一聲） 〔喜〕権利（岸田辰彌） **7月10日～8月19日** **花組公演**【中】 〔児〕因幡兎（坪内逍遥） 〔歌〕笛争ひ（久松一聲） 〔歌〕ドーバンの首（岸田辰彌）	6月3日京都基督教青年会主催慈善歌劇会に花組出演【岡】、13・14日金蘭会基金募集の歌劇会に花組出演【央】 7月1日刊行の『歌劇』40号から編集主幹が丸尾長顕に変わる、3～5日月組名古屋公演【御】

●中沢ひろし「『久松情緒』の諸断篇」
●堀正旗「有島武郎氏の死と少女歌劇の前途」

9月1日　第42号
●「講談倶楽部に対する訴訟の仲裁に就て」

10月1日　第43号
●小林一三「劇界の革命来らんとす」
●久方静子「慰問袋を縫つて」
●寺川信「剪灯新話」

11月1日　第44号
●小林一三「宝塚と菊五郎との話」
●寺川信「災殃と趨向

●知らぬ人礼讃。《川霧》で春日花子さんの娘が踊るときに蔭唄を歌ふ人、私はその唄ふ人の名も知らぬ、声にも嘗て聞き覚えがない。(略)しかしその人の偉大な声は今でも私には一番親しい懐かしいものとして残つてゐる。(祝部爾生)

●最初まさかと思つた、今度の震災で海上ビルの倒壊が報ぜられた時、『歌劇』四十二号に出て居た三人写しの写真と思ひ合はして馬鹿に気になつた。臭悪な此の娑婆は極楽の寂寞より、やはり人間にはなつかしい世界だ。(ミスター・カツパ)

●落ち着いた、静かな気分の、パラダイス三階音楽堂で月組の音楽会を拝聴した。うちで一番嬉しく印象に残つたのは童謡でした。(略)

(踊)川霧(坪内士行)
(喜)検察官(堀正旗)

8月20日～9月20日
月組公演[中]
(伽)湖水の妖女(白井鐵造)
(歌)桶祝言(久松一聲)
(諷)浮世(坪内士行改修)
(歌)淀殿(小野晴通)
(喜)ガリガリ博士(岸田辰彌)

9月25日～10月24日
花組公演[中]
(伽)踊り王女(白井鐵造)
(歌)楊貴妃(久松一聲)
(喜)マルチンの望(岸田辰彌)
(歌)松浦鏡(小野晴通)
(バ)コスモポリタン(ルウジンスキー)

10月25日～11月30日
月組公演[中]
(伽)バラの精(白井鐵造)
(歌)琵琶島碑文(久松一聲)
(喜)何も彼も(坪内士行)
(歌)天狗草紙(小野晴通)
(喜)角移し(箕岡満智子)

8月15日小劇場を付設したパラダイス落成、19日宝塚音楽研究会第一回演奏会開催。

9月2～4・9日関東震災義捐金募集歌劇会・音楽会。

11月10・11日桜楓会主催関東震災慈善歌

年	『歌劇』発行月日・号　主な論稿	『歌劇』「高声低声」中の「なつかしさ」使用例	宝塚少女歌劇団の動向　主要公演	宝塚少女歌劇団の動向　主要公演以外の活動など
1923	すべき東西劇界の前途」 **12月1日　第45号** ●小林一三「菊五郎来宝の可否」	如何程現実に目覚めた――さめれば覚める程――かたくなな者でも、純な子供時代は限りなく懐かしいものでせう。（高田はじめ） ●『歌劇』第四十四号の歌壇を一読するに及んで私の期待が全く裏切られた事を遺憾とする。（略）平山氏の「温泉なつかし」の結句は、わざとらしくて、却つてなつかし味を殺ぐ。（関野薔薇） ●ありし日の雲井、小倉、吉野、高浜、大江、篠原様などの美しいお姿は（略）幾千のパトロンの胸に懐しくも刻みこまれてゐるでせう。（園田佳子）		劇会に花組出演［御］ 12月8・9日大阪毎日新聞社主催慈善公演に花組出演［央］、23日神戸盲唖学校主催慈善公演に花組出演［聚］
1924	**1月1日　第46号** ●小林一三「花柳芸術の謀叛人として」 ●坪内士行「災後初年の劇界に」	●浪速つくし様!!　クラスこそちがへおなじ学び舎に二とせを暮した方と思へば本当に御懐かしく、やがては匂ふ春花の御栄えの一日も早かれかしと、願はずには居られないのでございます。（夕波女） ●今年は、もう東京の震災のため、見られぬ事と思つてました所、名古屋へ公演に来ると聞き宝熱に浮されてる子は、どんなに喜こんだ事でせう。（略）高峰様が急病のため雪野様が代られましたが、王子役のてきする君なので何とも云はれぬなつかしさをおぼえました。（中京白百合）	**1月1～31日** **花組公演**［中］ （伽）笛が鳴る（坪内士行） （歌）古柳の嘆き（坪内士行） （歌）マルタ（塚田左一改作） （歌）羅生門（久松一聲） （バ）リーラ号の難破（ルウジンスキー）	1月9日第一回『歌劇』愛読者大会を開催。

2月1日 第47号

●小林一三「事業としての劇」

●小林一三「市村座の若き人々へ！」

●坪内先生のは常に私を喜ばせる。（略）久振の高砂節も懐かしい。声量も取返された様だ。（みづ夜）

●回顧すれば大正十一年十二月始めて花組が和歌山を訪れ、当市に於いて未だ曾つてみない恐しい人気を呼び起したものでした。始めて宝塚の真の芸術に浸り美しい姫君達の情緒にチャームされた市民の心はどうして其の日の楽しいなつかしい印象を忘れ得られませうか、幸なるかな、日頃の熱望の達する時が来ました。今や全市はおろか附近町村に到るまで、去にし日のことどもや未だ見ぬ今年の夢ごとの一言一句にも、大きい期待と喜びとなつかし味とが溢れて美しい姫君達の花を咲かせてゐます。（みのる）

●中京の白百合様、おなつかしゆうござゐます。貴女様も雪野党でいらつしやいますの？私もですの。（東京不二子）

●東京の不二子様、貴女も雪野党の由、おなつかしうございます。（中京白百合）

●二月二日、三日の両日、和歌山に、月組が来て公演した。僕は宝塚で一度見たが懐しさのあまり又行つた。（S生）

2月1日尾上菊五郎一座宝塚公演（～2月28日）、2・3日和歌山市土曜会主催慈善歌劇会に月組出演[弁]、9日関西大学主催全国私立大学昇格基金募集のための歌劇会に月組出演[岡]

3月1日 第48号

●小林一三「六代目へ」

●小林一三「私が松竹の経営者であつたならば」

●私の様に宝塚から遠くはなれてゐるものは年

3月2～31日

月組公演[中]

(伽)灯台守の娘（森呑角）

(歌)政岡の局（池田畑雄）

(舞)火とり虫（楳茂都陸平）

(歌)褒姒（麴町富士男）

(喜)月下氷人（岸田辰彌）

3月24日高声低声懇談会開催、26・27日相愛会主催歌劇会に花組出演[央]

4月1日 第49号

●久松一聲「小林校長

4月1～15日

花組公演[中]

年	1924
『歌劇』発行月日・号 主な論稿	咟撃」 **5月1日 第50号** ●坪内士行「小林一三氏に」 **6月1日 第51号** **7月1日 第52号** ●小林一三「保存し得べからざる歌舞伎
「高声低声」中の「なつかしさ」使用例	二回の公演か、大阪へでも行つた時よりなつかしい歌劇は見ることができぬ。それで脚本を読み楽譜を覚束なくもピアノのキーに当てたり、雑誌の公演の批評感想を読む位だ。そして僅かになつかしい歌劇場の情景を忍ぶ位なものだ。(名古屋早川一三) ●宝塚、宝塚、この名に私はどんなに憧れていますか。このなつかしい宝塚、自然も人もすべてが美しいと聞く宝塚へ、この三月に行く事の出来る。私はどんなに嬉こんでゐるかしれません。(S市芙美絵) ●三月公演のプログラムは様式が変りましたね。だがあれは矢張り、横に並べた方がいゝやうに思ひます。すきずきですが、私には元通りの方が見よくもあり、懐しくもあります。(沖初夫) ●美也子様へ、段々と目立つたお役をなすつて近頃御成功なさいましたのネ。(略)ダンサーとしての貴女がたまらなくなつかしまれます。(奈良美) ●若菜君子の倉守大当内、有明月子の衛門、笹原稲子の蓋、この三人は《桶祝言》にはなく
宝塚少女歌劇団の動向 主要公演	(伽)七色鳥(白井鐵造) (舞)大原車(久松一聲) (歌)山の悲劇(岸田辰彌) (歌)能因法師(岡本綺堂原作、山下凉草改作) **4月16～30日** **月組公演**[中] (伽)七色鳥(白井鐵造) (舞)大原車(久松一聲) (歌)山の悲劇(岸田辰彌) (歌)能因法師(岡本綺堂原作、山下凉草改作) **5月1～31日** **花組公演**[中] (伽)昔噺帝釈天(小野晴通) (歌)王者の剣(岸田辰彌) (舞)諸譃(楪茂都陸平) (歌)中山寺縁起(久松一聲) (喜)学生通弁(大関柊郎改作) **7月1～30日** **雪組公演**[中] (伽)音楽の力(白井鐵造)
主要公演以外の活動など	5月21・22日桜楓会主催慈善歌劇会に月組出演[聚]、28・29日桜楓会名古屋支部主催慈善歌劇会に月組出演(御) 6月1日京都基督教青年会・日本健康会主催慈善歌劇会に花組出演[岡]、7・8日金蘭会主催慈善歌劇会に月組出演[央]

劇」
●「名古屋と京都に於ける読者有志懇談会」

8月1日 第53号

●小林一三「大劇場の新築落成に就て」

てはならない人々である。（略）かうした古い脚本をかうした機会に見せて貰ふのはほんたうに嬉しい。私達はこれによつて過ぎ去つた日のなつかしい絵巻物を繰りひろげて見ることが出来るのである。（北山かをる）

●名古屋公演の折に懇談会が開かれた。（略）名古屋弁が宝塚つ児を面喰はせた程度に、私達には大阪弁が懐しい。そして、こんな風に言ふのかなアと想像してみるといふものである。（沖初夫）

●感受性にもろひ私は、夜の淋しい情緒を反影してくれる、星の空がこと更に懐しい、（略）一瞬にして自然は去つて失ふ。人生も又、私が歌劇を知つてから随分に時が経た。其の間に歌劇の人達の名前も又ステージの人達も変つて失つた。新しい人々の名前を知ることは懐しいけれど、知る人達の変つて行くことは又うら淋しいものである。（略）何時も歌壇、詩壇は私に一番の親しみを与へてくれる。ことに五十二号の詩壇の森山氏の晩春抄曲並に感覚肖像、（略）本当に懐しさを与へてくれた。（竜田春雨）

(歌)扇供養（小野晴通）
(舞)さゞなみ（楳茂都陸平）
(歌)屋守の少将（久松一聲）
(喜)ほんもの（岸田辰彌）

7月19日〜9月2日
月・花二組合併大劇場柿落とし公演(大)

(伽)カチカチ山（楳茂都陸平）
(踊)女郎蜘蛛（坪内士行）
(歌)アミノオの功績（杉村すえ子）
(歌)身替音頭（久松一聲）
(喜)小さき夢（岸田辰彌）

7月15日宝塚大劇場落成、雪組結成。

永井咲季（ながい さき）

一九九一年静岡県生まれ。

二〇一四年三月、静岡大学教育学部学校教育教員養成課程教科教育学専攻社会科教育専修（日本近代史）卒業。

現在は静岡県公立小学校教諭。


宝塚《たからづか》歌劇《かげき》〈なつかしさ〉でつながる少女《しょうじょ》たち

二〇一五年三月一八日　初版第一刷発行

著　者　永井咲季
発行者　西田裕一
発行所　株式会社平凡社
〒一〇一‐〇〇五一　東京都千代田区神田神保町三‐二九
電話〇三‐三二三〇‐六五七九〔編集〕
〇三‐三二三〇‐六五七二〔営業〕
振替〇〇一八〇‐〇‐二九六三九
平凡社ホームページ　http://www.heibonsha.co.jp/
装　幀　細野綾子
印　刷　株式会社東京印書館
製　本　大口製本印刷株式会社
D T P　平凡社制作

ISBN978-4-582-83688-2
NDC分類番号775.4　四六判（19.4cm）　総ページ240